臺灣政經史系列第三輯04　陳天授主編

元華文創

# 臺灣警政治安史論述稿

本書彰顯警察在臺灣治安史的發展過程中，歷經不同類型政權的統治下，逐漸淡化維護政權的「工具性」角色，隨著臺灣政治民主化的進程，調整與轉型為行政中立、專業執法，和尊重人權的「服務性」功能。

陳添壽————著

# 自序：我的臺灣警政治安史論述與苦行

　　我寫臺灣警政治安史論述的開始，首先應該回溯到 2000 年 2 月以前，我有機會進入中央黨政機關和民間社團的相關部門學習與工作，讓我具備了豐富政治經濟領域的理論與實務，擁有了更深入的理解與體悟。

　　我三生有幸，歷經這段重要的工作經驗。2000 年 2 月以後，我回到學界在警察大學擔任通識教育方面的課程，我即選定政治經濟與警政領域的整合議題，作為我主要教學、研究、學思與書寫的方向，和與臺灣發展歷史相關理論的建構。「臺灣治安史」的講授課程與論文撰寫，就是在這堅實背景下逐漸建立起我對這主題的論述。

　　警大發行的《警學叢刊》與通識教育中心舉辦的學術研討會，是我主要發表有關這方面論文的園地，我也充分利用了這難得相互砥礪的平台。有「苦吟詩人」之稱的賈島，在其〈劍客〉詩中有句「十年磨一劍」，正可以用來比喻我專注於這主題的心境。

　　2010 年 2 月，我在警大教學滿了 10 年的時候，蘭臺出版社協助我將發表的單篇論文彙集，出版了《臺灣治安制度史：警察與政治經濟的對話》。兩年後，又將其他的論文整理，出版《臺灣治安史研究：警察與政經體制關係的演變》。2015 年 11 月，

更出版了《警察與國家發展：臺灣治安史的結構與變遷》。前述這三本著作的出版，是我度過在警大「誠園」整整 16 年的壯年黃金歲月，我也已經來到專任教職服務的規定期限了。

之後，我仍受聘留在警大繼續兼任「臺灣治安史」，和在推廣中心講授「臺灣警政發展史」等課程。課堂教學與學生的回應，激盪我再繼續的審修平時為學生準備的資料。2019 年，元華文創公司與我共同策畫出版【臺灣政經史系列叢書】。2020年 7 月，我特別出版《臺灣政治經濟思想史論叢》（卷五）：臺灣治安史略》一書，提供學生上課的參考用書。

回溯 2013 年 4 月 19 日，我受邀臺南市警察局講演〈臺灣警察法制歷史的省察——從傳統、軍管到警管治安〉，和 10 月 14日，配合警大警政管理學院及警察科技學院揭牌典禮的同時，所舉行由內政部警政署與中央警察大學編印、章光明主編《臺灣警政發展史》的新書發表會暨茶會。該茶會是由當時校長謝秀能與前校長、國策顧問顏世錫共同主持。

我猶記得在新書發表會之前，章光明主編就曾針對撰稿人的初稿部分，舉辦了一場臺灣地區警政發展史的「臺灣警政回顧」成果發表會，並請顏世錫講評。顏先生曾任警大校長與警政署署長等重要職務，他在講評中提到，他從事警政 47 年，從基層到警政署「半世紀以來警政的回顧」。

他特別舉警察勤務的荒唐，諸如當年抓學生長頭髮；還有抓私宰，沒抓到的話警察被記過，私宰的人無事；還有推動「警察造產」的成果，警察根本分不清楚桂圓和荔枝；還有全世界也只有警察辦評比，形成警察造假風氣。吃案與不吃案，基層警員最痛苦，不吃案則績效差，吃了案怕被記者報導等等。

　　略述這些活動，旨在彰顯我撰寫臺灣警政治安史的孕育與滋養。尤其在警大推廣中心講授「臺灣警政發展史」的五年期間，我將「臺灣警政發展史」大綱，主要分為六大部分：一、歷史制度學的研究途徑。二、近代臺灣警政史的分期。三、上篇：臺灣警政傳統治安史時期。四、中篇：臺灣警政軍管治安史時期。五、下篇：臺灣警政警管治安史時期。六、結論與展望。現在我已把當年準備 PPT 檔講授大綱的內容，改寫成《近代臺灣警政史綱》的文字稿，並發表在《臺灣商報》（電子版）。

　　2020 年 7 月，我的《臺灣政治經濟思想史論叢（卷五）：臺灣治安史略》一書出版之後，我想自己對於這主題的研究也應該到了告一段落的時候了，我可以有比較多的心思與時間，專注在多年來希望從政治經濟學角度，聚焦在國際強權、政經體制與產業發展，撰寫一本有關臺灣特色資本主義發展史的心願。

　　迄今（2024）年，我在大學部講授「臺灣治安史」的課程，雖然只是開放選修，但仍然受到學生的歡迎，選課人數幾乎每次都達到學校規定上限的人數。所以，最近的這幾年，在與學生的教學相長與腦力激盪之下，我又有了新觀點和新資料的累積，深感有必要再花一點時間的加以審修，讓《臺灣治安史略》的內容更加充實。

　　檢視我之前出版的上述著作，在內容上不論屬單篇或專書都比較偏重於學術性的寫法。現在則是想從比較通俗性的簡要方式，整理出適合學生課堂上的口述教材之用，於是有了這本《臺灣警政治安史論述稿》的構想與撰寫。而將其內容分為前近代臺灣「傳統警察」治安史、近代臺灣「以軍治警」治安史、現代臺灣「以軍領警」治安史、當代臺灣「以警管警」治安史等四時

期。之所以書名用「論述稿」，正表示有些觀點和論述，未來希望繼續秉持「為學勿萌老態」、「遠路毋須愁日暮」，有機會可以再增修內容。

在這裡，高談我的臺灣警政治安史論述與苦行的經過，似乎顯得自己有些自不量力。如果藉此容我非記上一筆「滿足自己短暫虛榮」的話，我可要對厚愛我的師長表示敬謝之意。2000 年 2 月，當我有機緣受聘到桃園龜山中央警察大學通識中心擔任專職副教授。在到校的同時，我就私下曾給自己訂了一項所謂的「三不原則」。一是不參與政黨活動、二是不擔任主管職務、三是不參加無謂應酬。

我這自訂的「三不原則」，並不是在凸顯我是多麼的清高的堅持己見，我當時只是自許在即將過半百年紀的時候，應該更珍惜「誠園」給了我這麼理想的園地，我理所當然更應該用心專注於學生的教學與學術的研究上，才不致於會枉費自己的後半段人生。

「誠園」的這段珍貴歲月，我堅守的「三不原則」，所以有過拒絕再為別人作嫁的輔選活動，和有過拒絕參加各種不必要的飯局，更有過不近人情婉拒出任主管職務的魯莽。藉此，我首先應感謝謝瑞智校長的厚愛，當初為學校推動通識教育中心的法制化構想，讓我有略盡棉薄之力的機會；和知遇於朱拯民校長的臨時授命，因通識中心主任的生病住院，我在毫無預警「暫代」主任的近一年之久。

我也曾有過分別以健康因素與即將屆滿退休的理由，婉拒擔任該主任職務，特別是承蒙謝秀能校長任內，經由校長室秘書張子文組長的聯繫；和刁建生校長任內，警政管理學院院長章光明

教授的聯繫，我要感謝他們的愛護與成全，讓我得以責無旁貸的專注於教學與研究工作。另外，在學術道路上，蕭全政教授、紀俊臣教授和章光明教授，他們分別在公共行政、地方自治與警察政策領域的諸多指教。

20 多年來，我來回從臺北城南到桃園龜山，從搭乘學校安排的交通車到現在自乘捷運輾轉客運到校，從只要一趟花近 40 分鐘的車程，到現在的必須耗盡 2 個小時的長時間時程才能到校上課。我秉持的重要動力，是因為講授「臺灣治安史」課程的課堂上，讓我不忘初衷還能繼續寓教於樂的保有服務熱忱。

檢討自己在 49 歲的時候，離開紅塵滾滾的臺北，來到歲月靜好的警大美麗「誠園」，過著是看書、教書與寫書的逍遙日子。我何其有幸，又在跨過古稀之年，還能在校園悠然自得的與校園學生相學相長，真是我人生當中難得的一大樂事。

我特別藉著這次《臺灣警政治安史論述稿》付印的機會，道出了我的臺灣警政治安史論述與苦行。最主要目的是要對於長期以來指導我、愛護我、支持我的師長朋友們，還有我的家人致上誠摯的感謝之意。

同時，感謝元華文創公司賴洋助董事長、李欣芳主編、立欣責任編輯、林宜葶等工作團隊的熱心協助，讓這本書得以最理想的情況呈現在各位讀者眼前。

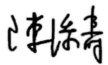

2024.06.05 謹識於臺北城南蟾蜍山居安齋

# 目　次

# 導論：政府、警察與社會關係發展

　　就如同 1993 年諾貝爾經濟學獎得主，跨越 20-21 世紀的歷史制度學派大師諾斯（D. C. North, 1920-2015）所言，在一個複雜社會中導致失序的現象是普遍存在，一個有強制力政府是必要的。因此，締造有效的第三者執行的最好方法是靠建立一套制度，而這個制度模型就包含非正式限制、正式規則和執行的結構特性，以及它們如何演變的過程。

　　因此如何建立能促成政府與社會合作模式，諸如警民之間的關係；或是設置避免政府失靈的機制，乃是成功制度的關鍵。歷史制度學的三大典範理論，不僅是政治的、經濟的，也是社會的。政治強調權力的擴大化，重視職位的配置；經濟強調創造利潤的極大化，重視資本的積累；社會強調均等的公平化，重視正義的倫理。

　　檢視這三大典範理論之間的關係，既是可以分別論述「政治學」、「經濟學」、「社會學」的學理，然其動態的實務運作卻又是呈現相互的糾葛，形成是一門整合性的學科，如「歷史警學」。

　　「歷史警學」顧名思義就是研究警察歷史的一門學問，諸如治安史。「歷史警學」的建立是要從歷史文獻中探討有關警學發展的過程或案例。為了影響制度所做的是建立或裁撤一個機構，

修訂法律，更換人事等等，對制度的選擇，重要的指標是衡量其實際效果，也就是對這些制度的改進，及由此在現實世界中實際造成的效應。

制度學派從它與法律領域的聯合中獲益匪淺。警政的融入政治經濟學的歷史制度性結構，既迫使政治經濟學家們分析現實的多種選擇，又使他們認識到可供選擇的制度方案的豐富性。警政發展的歷史制度演進成就了研究「歷史警學」的結構性內涵，成為警察在政府體制發展項目中的重要一環。

「歷史警學」的臺灣治安史論述，透過對警政發展的歷史性結構分析，呈現了政治、經濟與社會關係，其涉及與治安議題之間結構性的多元面向；相對地，導致經由現實治安環境所賦予制約條件中，除了正式法律之外，文化、風俗、慣例、規則等非正式法律，存在於政府、警察與社會關係中的治安因素。

政府、警察與社會關係的論述臺灣治安史，主要涉及：

第一、戰時軍人與國家安全的「維護政權」，它是從社會汲取資源，例如稅收、徵兵等汲取性角色；

第二、秩序維護與打擊犯罪的「執行法律」，它是維護社會安定，例如預防犯罪、消防救災等保護性角色；

第三、福利傳輸與效率追求的「公共服務」，它是促進社會利益，例如服務人民、傳達信息等生產性角色的三大功能。

同時，政府、警察與社會關係的論述臺灣治安史，亦必須針對警察型態、權力大小、業務內容和服務程度的分析。基本上：

第一、在組織上，有地方分權形式與中央集權形式之分；

第二、職權上，有僅止於行政權與除行政權還包括發布警察命令的立法權，及裁決秩序罰法的司法權之分；

第三、在業務上，有除安寧秩序維護及交通管理外，其他行政業務均分屬於其他行政機關，與除安寧秩序維護及交通管理外，並包括消防、衛生及執行其他有關行政業務之分；

第四、在服務上，有重視民眾服務與以執行法律為主之分；

第五、在職務上，有來自文官體系與將警察軍隊化之分；

第六、在法律上，有較重視人權的保障與較重視犯罪的控制之分。

綜合以上，本書將依制度學派的概念，透過政府更迭、警察政策與社會發展關係，其間所涉及臺灣警政治安史的結構性因素加以分析。尤其是，檢視四百年來臺灣警政治安史的發展與變遷，其間所面對存在國族認同的「原生論」、「建構論」與「融合論」爭議。

從國家（廣義政府）、政治、制度、法律等認同在內的國族認同，來檢視荷蘭人政府之於原住民是建構的，明鄭東寧王國政府之於荷蘭人是建構的，大清帝國滿族政府之於明鄭漢族是建構的，日本國日本政府之於清治臺灣是建構的，以後國民政府來臺之於日治臺灣是建構的。

但是如果從「原生論」來檢視目前對臺灣考證的有限文獻中，發現早期分別有南島族與閩越族的來臺生活遺跡。從「融合論」觀點來論，是符合我們在論述臺灣警政治安史的移民社會發展觀點。

承上述分析，本書將從「土地共同性」、「人民主體性」與「歷史結構性」的思維，聚焦在政府、警察與社會關係，來探討臺灣警政治安史的發展與變遷，並將其分為：第一個時期，前近代臺灣「傳統警察」治安史（-1895）、第二個時期，近代臺灣

「以軍治警」治安史（1895-1945）、第三個時期，現代臺灣「以軍領警」治安史（1945-1987），和第四個時期，當代臺灣「以警管警」治安史（1987-迄今）等四個時期加以論述。因此，本書首先分導論，論述政府、警察與社會之間的相互關係，及其分期。

第一個時期前近代臺灣「傳統警察」治安史（-1895），又可分為原住民傳統治安、荷西傳統治安、東寧傳統治安、清治傳統治安等四階段的發展，和形塑社會從原住民氏族化、荷西重商化、明鄭東寧土著化、到清治的定著化「傳統警察」治安。同時，附錄一篇〈導讀與摘錄注（清）林豪《東瀛紀事》〉，旨在舉例凸顯清治臺灣時期「戴潮春事件」中，政府所扮演的傳統警察治安角色。

第二個時期近代臺灣「以軍治警」治安史（1895-1945），是指日本統治臺灣時期，分日治前期中央集權三政合一治安階段（1895-1920），與日治後期地方分權郡警一體治安階段（1920-1945），並探討了近代臺灣保甲制度與隘制治安的發展變遷，最後的形塑社會皇民化「以軍治警」治安。同時，附錄一篇〈導讀與摘譯注（日）織田 萬〈地方自治〉〉，旨在補充說明地方基層組織的如何發揮協助維護治安。

第三個時期現代臺灣「以軍領警」治安史（1945-1987），是指國民政府在臺實施戒嚴時期，分；戒嚴前期硬式威權軍警一元化治安階段（1945-1972），與戒嚴後期軟式威權警政現代化治安階段（1972-1987），形塑了社會黨國化「以軍領警」治安。

第四個時期當代臺灣「以警管警」治安史（1987-迄今），是指國民政府解嚴，分解嚴前期威權體制調整軍警分立治安階段

（1987-2000），與解嚴後期政府體制轉型警政法治治安階段（2000-迄今），形塑了社會多元化「以警管警」治安。

　　本書最後結論。論述臺灣警政治安史發展與變遷，在這漫長灣歷史發展的時間裡，我僅能先採取「先立乎其大者」的綱要式，將其聚焦在每階段社會上重大變化所帶來影響，嘗試性地論述了臺灣警政治安歷史的發展與變遷。在面對 21 世紀的新時代，如何因應扮演好民主、警政與服務的治安角色，值得我們進一步的深入探討。

# 第一時期　前近代臺灣「傳統警察」治安史（-1895）

## 一、原住民傳統治安階段（-1624）

### （一）前近代東亞海上治安

　　從地理上，臺灣島與中國大陸板塊曾連為一體。由於受到地殼長時間變化造成板塊分離的結果，臺灣島受到擠壓而浮出海面，臺灣西部大陸架下沉被填成海峽，大約在 1 萬年前形成和今天形狀大略相當的島嶼。

　　根據黃大受的「高山族的主要族源是來自大陸的古越人的一支」說，凌純聲的「從非洲東海岸起，到印度和太平洋間各島嶼及至南美洲西海岸的各地土著文化中，至今尚保留著中國古代夷越文化的因素」說，以及林謙光《臺灣紀略》被視為清代早期地志的記述臺灣是海中孤島，地在東隅，形似灣弓，其證明某一過去之時代由中國大陸分離而成之地質學者的考定，和人文上的沿革，臺灣自屬於中國閩越漢族，是中華民族的一族，是中華文化的一支。

　　就臺灣發展的歷史可以遠溯公元前的年代，縱使只說臺灣人四百年史，而不說臺灣人幾千年史或幾萬年史，其所說臺灣人四

百年史，這個「臺灣人」已有「中國人」的成分在。因為，這種論述迴避了臺灣現有各族群的主要族源，是來自大陸的古越人的一支，而僅指四百年前開始大量由中國大陸來的「臺灣人」。

西方國家對「臺灣」的稱呼，如葡萄牙稱臺灣為「福爾摩沙」（Formosa）。臺灣之所以被稱為福爾摩沙，乃因為 16 世紀中葉，一艘葡萄牙船隻駛過臺灣，船員見到島上綠意蔥籠，遂大呼「Ilha Formosa」，意指「美麗之島」。對於當時臺灣原住民時期被稱所謂的「失竊」時代，指的是原住民族在地理和歷史上，被國際孤立和沒有自己文字記載的臺灣。

檢視人類社會的演變過程，大抵是從村社經酋邦、邦國（城邦）、王國到帝國的發展階段，但臺灣卻長期停滯在村社階段。臺灣原住民族雖然經過一段相當漫長的歲月，卻未曾有過「國家」（nation）的出現。

所以，金鋐《康熙福建通志臺灣府》指出，臺灣府，本古荒裔之地，未隸中國版圖。高拱乾指出，臺自破荒以來，不載版圖、不登太史，星野分屬，何從而辨？然臺係屬於閩，星野宜從閩。施琅也說臺灣遠在海表，昔皆土番，流民雜處，未有所屬。及明季時，紅彝始有，築城，與內地私相貿易。後鄭成功攻佔，襲踞四世。

15 世紀開始，當時東亞和西歐都有航海家從事航海和探險，他們的努力冒險促成日後世界文明的交匯，而當時臺灣原住民族的海域活動，主要可以從 1405 年，大明國的鄭和下西洋加以檢視，而當時所謂的西洋，是指婆羅洲以西的一切海洋。

鄭和下西洋並未如歐洲國家航海探險的性質，其大都巡弋於古來亞洲商人熟悉的海域和航線，主要目的是蒙古元國海軍遠征

印尼與日本的遺緒，缺乏強烈的商業動機。當時的大明國受困於北方的邊患，並不注意海權的發展。

在鄭和的海洋活動之後，有利於發展航海的事業並未持續下去。如果從大明國中葉算起，到 1840 年鴉片戰爭，大明與大清國約有長達四百年，遠離海洋的閉關自守歲月。

就澎湖的地理位置而論，澎湖位居臺灣本島和中國大陸之間，是進入臺灣的門戶，其發展歷史也一直要到了 12 世紀，宋代才有漢人移住的文物遺跡。南宋泉州知府汪大猷為了防衛澎湖漢人免受外來的侵擾，曾經臨時性的派兵戍衛，這是拉開官方重視治安的序幕。

然而，正式的涉外治安機構也要等到了 1335-1340 年間（元帝國至元年間）澎湖才有類似現代海巡單位「巡檢司」的設置，特別是見諸於 1349 年汪大淵的《島夷治略》。

1368 年，大明國建國之初，更受制於張士誠、方國珍餘黨的與日本倭寇勾結。日本倭寇可以上溯至 13 世紀初，一般分為前期與後期，前期從 13 世紀初到 15 世紀，也就是到明朝初期，侵擾地域以朝鮮為主，次及中國；後期主要指 16 世紀，侵擾地域從中國、東中國海，一直到南洋一代。

1374 年，大明國廢除元代以來鼓勵對外貿易的「市舶司」。1388 年，更強制澎湖住民移往中國大陸，並撤廢「巡檢司」，凸顯大明國面對來自海上安全所採取的閉關治安政策。但是閩粵地區的漢人仍然根據地理和自然環境因素，很自然地選擇了澎湖和移居臺灣。

16 世紀中葉，明嘉靖間澎湖屬泉州同安，設巡檢守之，旋以海天遙阻，棄之。但是明嘉靖年間的倭寇之亂，和閩粵一帶的

漳、潮海盜領袖曾一本、林道乾、林鳳等人，先後都因逃避官兵緝捕而來到澎湖再轉至臺灣魍港、打鼓山等地。

1563 年，大明國為防制海盜猖獗，不得不又恢復「巡檢司」的海防治安單位。1607 年，改置「衝鋒兵」的加強防備武力之後，部分的海盜及走私活動轉而嚴重威脅到臺灣治安。「巡檢司」設置與撤廢的舉棋不定，凸顯大明國對澎湖海防安全受制於倭寇和海盜的治安問題。

尤其大航海時代初期，海盜李旦、顏思齊和鄭芝龍，由於受到朝廷加強澎湖防備的影響，導致都先後出現在臺南（安平）一帶，從事跨國性的走私貿易。顏思齊的一生充滿傳奇，他曾於1624 年（明天啟 4 年）率眾來臺墾拓，被人稱「開臺王」，但隔年即過世，就近葬在諸羅山上，也就是現今的嘉義縣水上鄉遺址，其領袖位置則由鄭芝龍接替。

有「海上大王」之稱的鄭芝龍，其所奠下以臺灣為亞太地區的營運中心，是第一個以臺灣為基地的中國海商。他扮演盜、商、官三種身份，其後更深深影響子孫鄭成功和鄭經的對臺灣經略，而當時的臺灣在實際上和名義上始皆歸屬中國。

陳第〈東番記〉指出，自通中國，頗有悅好，姦人又以濫惡之物欺之，彼亦漸悟，恐淳樸日散矣。「海商亦海盜」行為除了在海洋及沿海地區進行暴力殺戮、搶劫財物與擄掠，而增加維護社會治安的困難度之外，它還進行各種軍事的武裝戰爭，諸如反抗官府與地主豪紳的武裝活動，以及抗擊葡萄牙、西班牙、荷蘭和英國等西方強權國家在東亞海域的戰火風雲。

1592 年（明萬曆 20 年），日本東亞海上活動主要是長崎、京都和堺的商家，獲得幕府將軍豐臣秀吉特准海外貿易的「朱印

狀」，於是裝備朱印船，開往南方海域尋求發財機會，並在臺灣島大員設立總部從事日本、大明、澳門、安南、暹羅、呂宋、以及爪哇間的定期貿易。

1593 年（明萬曆 21 年），豐臣秀吉曾派臣攜國書於使呂宋之便，要致「高山國」（Takasago，臺灣）促其入貢，但因當時所謂「高山國」並非具統一政權的國家而沒有結果。

1609 年（明萬曆 37 年）、1611 年（明萬曆 39 年），九州島原藩主有馬晴信、長崎代官村山等安的兒子村山秋安都曾分別率船帶兵來到臺灣，而此時島上已群居不少的大明國人，加上為數龐大的土著，群起對抗入侵者，日方統領兵力薄弱，眼看無法戰勝，失望的離開。

德川甚至指示有馬晴信到臺灣的任務，就是偵察港灣、調查物產、連絡土著，和開展對大明帝國的轉口貿易等，命令他視察之後，大明、日本之船可會合於「高砂（山）國」，實行通商。長崎代官是長崎最高行政長官「長崎奉行」之下的官職，相當於現在的市長兼治安首長。

陳第〈東番記〉指出，臺灣原住民族始皆聚居濱海，嘉靖末，遭倭焚掠，迺避居山。日本的侵擾行動雖然失敗，但臺灣在東亞地區所受到重視的地理位置，特別是發展出「會船點」型態，臺灣變成是大明國、日本「勘核貿易」管制下，走私貿易者到東南亞港口的一個會合地。當時日本海上勢力已曾分別到達臺灣北部的基隆和南部的安平一帶，因而形成以臺灣、福建和日本九州為核心的三邊貿易上走私的治安問題。

臺灣在大航海時代除了要面對東亞海域大明國、日本的海盜侵犯，和跨國走私之外，當時西方歐洲部分國家因受到自己國內

生產資源的有限，而對於市場迫切需求的影響，導致葡萄牙、西
班牙、荷蘭等國家的不顧海上安全，而且抱持不惜一戰的接踵東
來，積極開拓市場資源和建立貿易據點，但這並不代表大明國就
可以容忍他國有侵佔澎湖的舉動，這也是後來大明國對於荷蘭人
企圖佔領澎湖時用兵的主要原因。

1628 年（明崇禎元年），西班牙於佔領北福爾摩沙淡水一
帶，與 1624 年（明天啟 4 年），荷蘭佔據南福爾摩沙大員（今
安平一帶，尚未指稱今天的臺灣全島）形成對峙。1642 年（崇
禎 15 年），才由荷蘭完全佔領，開啟了福爾摩沙從「失竊時
代」進入文字歷史與接觸西方文明的時代。

大航海時代的荷蘭人在脫離西班牙統治，和從羅馬帝國的宗
教和王權束縛中釋出之後，緊追隨著葡萄牙、西班牙人的海外航
道擴張，在亞洲建立了從印尼到日本的商業王國，在這條商業利
益鏈中包括了臺灣。

1622 年（明天啟 2 年），荷蘭於攻佔澳門失敗後，不得不
從大明國的大陸沿岸撤退，而暫時佔領澎湖，並於風櫃尾強行築
城。由於大明國堅持澎湖在其皇朝版圖內，荷蘭船隊司令官不得
不於同年來福爾摩沙測量是否有合適的替代港口。

翌年，又兩次派荷蘭商人，在漢族商人陪同下來到臺南的蕭
壠、麻豆社進行交流。在原住民族不反對，甚至協助提供建築材
料下，荷蘭人暫時選擇臺南（大員）海岸，有大海灣環繞的沙汕
上，築起一座簡單的防禦城砦與貨棧，以確保治安來進行商業活
動。

## （二）村社共同體治安

　　臺灣原住民族基本上被分為高山族和平埔族兩大族群。居住在平原地帶的「平埔族」約有 10 個族群。近 4 百年來，臺灣各族群先後的族群同化，現絕大部分幾乎無法分別。高山族是相對於平埔族的稱呼，也就是一部分是居住在臺灣中央山脈，和東部峽谷和海岸地區的原住民族群。

　　在平埔族的部分主要分為四大社。四大社指的是：麻豆社、蕭壠社、目加溜灣社（或稱灣裡社）以及新港社。而四社番，或者四社熟番則是：頭社、茄拔社、宵里社與芒仔芒社，主要為大武壠族。

　　最早在荷蘭時期，平埔族的聚落並無「社」的稱呼，到了明鄭時期，隨著漢人來臺漸多，開始用「番社」指稱平埔族聚落。陳第〈東番記〉指出，東番夷人不知所自始，居彭湖外洋海島中，起魍港、加老灣，歷大員皆其居也，斷續凡千餘里。種類甚蕃，別為社，社或千人、或五六百，無酋長，子女多者眾雄之，聽其號令。鄰社有隙則興兵，期而後戰，疾力相殺傷，次日即解怨，往來如初，不相讎。所斬首剔肉存骨，懸之門，其門懸骷髏多者，稱壯士！壯士！

　　臺灣原住民族政治性質體制的組成，乃依聚落形成村社所組成共同體的村社意識。陳第〈東番記〉指出，族又共屋，一區稍大，曰公廨，少壯未娶者，曹居之，議事必於公廨，調發易也。

　　高拱乾進一步指出，土官有正、有副，大社至五、六人，小社亦三、四人。隨其支派，各分公廨。有事，咸集於廨以聽議；小者皆宿外供役。顯現原住民族從無酋長到類如里長、保甲的正

副土官，以統攝番眾的設置，極可能是為了與漢人對話而產生的制度。

亦即（村）社的政治權力分別來自傳統既有的自治組織，以及延伸入（村）社的官治組織。在之前，是來自村社傳統社會關係網絡的權力以土官（土目）為主；之後則才有以通事為代表的權力組織。

在決策模式上是由 12 名適當男子組成之會議，每兩年全部改選，被選任者，同為約 40 歲之年齡層。社中重要事務先在社中議論；然後提於社中大會上，由社中長老為自己意見辯解，試圖說服社民接受其觀點。實行與否，由此社中大會決定，決定權不在社中會議。

對於犯罪行為的盜竊、殺人與姦淫等案件，並非由社中會議執行懲罰，慣例是由個人直接求償與報復。陳第〈東番記〉指出，盜賊之禁嚴，有則戮於社，故夜門不閉，禾積場，無敢竊。亦即「番社會議」是行政業務的執行單位，稱「村（番）社會議」；而「番（社）眾大會」是民意組織，稱之為「村（番）社民會」。

原住民族村（番）社組織的主要特性有：第一，村社的規模不是很龐大，當村社發展至類似近代國家時，就不稱為村社或部落了；第二，村社的統馭方式並非全然制度化，一部分是依循傳統式的，一部分就是個人領導的；第三，村社成員對村社具有強烈的歸屬感。

雖然缺乏一個強有力的「中央政府」體制，沒有政府和正式法律，但密集的社會網絡仍以建構在族長組成的「村社會議」與番眾組成大會的「村社民會」，形成兩權分立的相互制衡機制。

　　村社的最高權力機構既是掌握在「村社民會」，權力行使則是以透過「村社民會」的討論決策模式，推動各項決議事項，擁有命令與制裁權，因而相對地有制衡各族長村社會議的行政權。議題內容包括村社的經濟、行政、祭禮及仲裁等重要事項，用以徵集稅收，負責治安，以利權力運作，至於人民生命財產的保護則是次要的。

　　臺灣原住民時期共同體的有序的近似無政府狀態，是有關村社體系可以從衝突中產生秩序的趨向。這一趨向正如一直在歐洲中世紀及現代統治體系中起作用。因為，在這些體系中「缺乏中央統治」，也並非指缺乏組織機構，而是在一定的限度內，衝突可以透過協調而產生共同遵守的秩序。

　　然而，由「村社民會」議決、村社會議執行的治安工作，到了 1635 年荷蘭首先攻下了南部的麻豆、蕭壠二社以後，村社組織就產生結構性變化。原住民村社開始轉向荷蘭駐臺長官宣誓效忠。

　　這種宣誓效忠的方式，在 1641 年以後更改以「地方集會」的名義，分北部、南部、東部，及淡水四個集會區舉行。荷蘭東印度公司賦予這些長老在自己村內的司法權，並授予東印度公司鑲銀徽章的藤杖，作為法律與權力地位的表徵。

## 二、荷西傳統治安階段（1624-1662）

### （一）大航海時代治安

　　15 至 18 世紀，威尼斯、阿姆斯特丹和倫敦，存在強有力的

政府，它們在國內能夠做到令行禁止，強制城市居民服從紀律，必要時加重稅收負擔，保障信貸和商業自由，但這不妨礙政府程度不同地依附於業已野心勃勃地到處伸手的資本主義，政府在為別人和金錢出力的同時，也為自己效勞，政府所採取嚴厲而強力的策略就是符合其實的「為了公平維護資產，你需要一手持劍動用威嚇，一手管理一般商務」。

重商主義被認為是資本主義的先行思維。重商主義的本質是一種國際霸權主義，它隱含著治安環境受制於政治、經濟、社會、文化之間的糾葛關係。同時，重商主義也不僅僅是理論的論述，也是政府產業政策的執行，政府是商業資本主義急功近利下的產物，重商主義支配政府政策的制定與執行，導致實現商業資本主義商人的唯一目標，是在能操縱政府維持既得利益的前提下，支持一個強有力的政府權力體系國家機關。

加上重商主義明顯的重視地理政治上的權力，重商主義會產生國家主義，而國家主義則會產生管制產業與市場獨占利潤的追逐。重商主義的競爭性國家體系和世界性資本主義體系所獲得市場利益成功的原因，首先是標榜產業生產和政府政策執行效率整合的重要性。

所謂「先佔先贏」原則，這是為當時強調海權強國的荷蘭，提供了競爭性國家和世界性資本主義體系，並逐漸演變為 19 世紀列強進行全球市場競逐的理論基礎。荷蘭的崛起也就在 1625 年至 1675 年的這一段期間。

荷蘭的崛起主要是靠穀物貿易和海運服務的提供，儘管船員冒著生命的危險，但老闆擔心的卻是船隻和船上貨物的風險；尤其當發生飢荒、戰爭，以及不斷更新的戰爭技術，所需要更多、

更強大火力的槍砲，海上的冒險也需要及武器裝備更好的船隻。

　　荷蘭霸權並非單純地侷限於東西方市場和貿易，而是同時提供作為亞洲國家之間市場活動網路的中間人角色。重商主義社會不僅是一種商業的事體，一半是征服佔領，一半是對缺乏抵抗能力的土著所加之的一種搶劫。西班牙和荷蘭到福爾摩沙來並不是完全為了要殖民福爾摩沙，主要還是要與當時的大明國做生意。

　　荷蘭的統一福爾摩沙，凸顯福爾摩沙不僅僅是大明國和日本這兩個國家市場活動的據點，更是被迫與西方霸權國家接軌，引發福爾摩沙面對東西方競爭性國家和世界資本主義體系所引發的治安議題。

　　福爾摩沙時期治安，主要出現貿易、海盜、走私、天災、人口販運、海域資源、人口稅等經濟性，以及竊盜、姦淫、賭博、傷害、殺人、酗酒、麻疹等社會性治安問題，其所形塑公司政府型態的治安角色。

　　當時福爾摩沙原住民散落居住的分布，在臺南（大員）附近為荷蘭人居住的地區，東北海岸則為西班牙盤據，嘉義、雲林一帶則是鄭芝龍等大明國人出沒，其他中部的大甲溪附近地區，才是真正原住民各部落散居的處所和交易活動的市場。

　　另外，企圖與原住民聚落交易活動，還有來自日本幕府村山等安，率艦攻打福爾摩沙的日本商人。同時，福佬海商長期以來在各地區活動，留下具有深遠意義的文化、歷史語言遺跡，也是後來成為東南亞社會的一個重要社會組織。

　　荷蘭雖然在歐洲剛剛擺脫西班牙的控制，和接收部分原先葡萄牙的貿易網絡，但在東亞地區經過 1602 年與 1622 年的兩次與葡萄牙戰役，卻始終未能如願取代澳門的葡萄牙，以及取代在菲

律賓的西班牙，最後只能退到澎湖，為自己擁有在東亞的貨運港。

1602 年，荷蘭東印度公司成立。1619 年，在印尼巴達維亞建立統籌亞洲貿易的商館。東印度公司作為荷蘭王室的特許公司，被賦予在它武力能克服的地區，執行政治、軍事、外交等授權，是一個帝國中的帝國。公司型態從過去的特許權轉以維護市場利益和區域安全，加速促使東亞海域的商業化與軍事化。

福爾摩沙位於新的東、西洋諸航海者的路線上，當時尚為一「自由世界」市場，既不屬於只對朝貢國家開放門戶的大明帝國版圖，又對於商人毫無限制，亦無任何代表主權的稅收，一直到 1624 年荷蘭佔據福爾摩沙才有了重大的歷史改變。

首先，荷蘭也必須面臨日本早存有掠奪福爾摩沙的野心。1616 年，日本攻打福爾摩沙不成，轉而向大明國沿岸劫掠。1624 年，荷蘭取得安平，正式佔領福爾摩沙並做為對大明國、日本貿易的據點。1626 年，荷蘭也從巴達維亞對福爾摩沙方面提出警告，絕不可輕易相信日本人，他們不是只想自由做生意，而是要拿下這個島。

初期荷蘭在治理上並未能專心及充分發揮影響力，只是為了行政上管理方便，依當時福爾摩沙住民居住及勢力可及的地方，分為七個行政區，並維持慣用方式選舉「長老」，授以銀頭杖，顯示地位的標誌。

1625 年，荷蘭深感無法與日本商人競爭大明與日本航線上的貿易活動，遂頒令禁止僑居日本之大明國商人來大員經商，同時對日本人自福爾摩沙輸出的蔗糖貨品課徵什一稅，形成漢人願意繳稅，但日本則已先到福爾摩沙為由拒繳，這亦代表荷蘭對福

爾摩沙擁有主權的宣示。

1628 年，日本濱田船長率領船上裝滿槍砲、刀劍、弓箭和人員到福爾摩沙談判未成，導致兩國衝突，濱田彌兵衛被綁為人質，史稱「濱田事件」或稱「大員事件」。事件之後，導致德川幕府發布一系列海禁令，荷蘭才得以全心全力經營福爾摩沙，並徹底排除日本在福爾摩沙的勢力，以及獨占與大明國貿易的經濟利益。

當公司政府查獲李旦之子賭博，並與海盜有書信往來時，公司政府為顧及其與日本特殊關係的身分，公司政府法庭並未將其起訴，僅僅給予口頭告誡。當李旦之子再度擅自發出撈捕的許可證，並私自課徵什一稅；甚至於誇大宣稱漁民在其保護之下，才能免於海盜的侵害，公司政府認定其已公然侵犯福爾摩沙的主權，必須將其起訴，惟仍因避免荷東印度公司、日本幕府關係的惡化，最後僅罰金 200 兩後，將其驅逐出境。

福爾摩沙時期不論是荷蘭或西班牙，他們在福爾摩沙築城或建碉堡的技術，都是由訓練有素的工程師和測量師負責。1626年（天啟 6 年）至 1642 年（崇禎 15 年）的 16 年期間，西班牙在北福爾摩沙還以保護菲律賓與大明國之間的安全為由，率船沿著福爾摩沙東岸經福爾摩沙東北角的聖地牙哥港（Port Santiago，今三貂角）登陸，築聖多明哥城（San Domingo，今紅毛城）。

其後，發現該地並非四季皆宜的良港，才又發現一個又大又能避風的海港，命名為「至聖三位一體」，即是漢人所稱的雞籠港（今基隆市），隨後佔領社寮島（今和平島）建造一座堅固的「聖救主城」（雞籠城）。活動的地區甚至於遠包括宜蘭、花東縱谷、蘭嶼，以及恆春半島等地區。

　　西班牙人在雞籠、滬尾等地興建天主教堂與學堂，從事教化工作，並沿淡水河經臺北盆地，安撫八里坌（區）、北投、里族（今松山區）、大浪泵（今大同區）各社；又進入新店溪，安撫武澇灣（今新莊區）。再沿雞籠河至雞籠，途經原住民住區，皆納入為其勢力範圍。

　　由於西班牙據雞籠、滬尾二港，與荷蘭為爭取商業經營權及市場利益的衝突。1641 年（崇禎 14 年），西班牙與葡萄牙脫離合併關係，荷蘭決定擺脫這個芒刺在背的鄰居，首次率艦北上，迫雞籠、滬尾二港，由於當時西班牙屢陷入與原住民族的衝突，治理成效不佳，東部的探勘金礦也毫無結果。

　　隔年，荷蘭趁著西班牙駐馬尼拉當局，為征剿民答那峨島的摩爾回教徒人，將駐紮在北福爾摩沙四個連中隊的其中部分駐軍撤回菲律賓。荷蘭遂第二次率艦隊北上，西班牙駐軍不敵，結束在北福爾摩沙的 16 年統治。

　　東印度公司在亞洲的貿易利益，在沒有地域性征戰與經濟掠奪利益的支持下，是不能建立起來的。當東印度公司在東亞海域的控制力減弱之後，已不再復有維護社會治安的武裝實力時，荷蘭東印度公司就不得不結束對福爾摩沙的統治。

## （二）企業公司政府型態治安

　　17、18 世紀，歐洲各國政治環境，在國內不僅是國家經濟政策與階級社會的對立，在國外亦受制於新興民族國家的市場利益衝突。歐洲許多重商主義國家在前工業階段，尤其是英國工業發展初期也都實行高額的保護關稅制度。

　　荷蘭福爾摩沙時期的重商治安，主要受到東印度公司政府體制強調市場經濟利益擴張的影響。1604 年（明萬曆 32 年）、1622 年（明天啟 2 年），荷蘭東印度公司先後派艦東來貿易與傳教，並登陸澎湖，於馬公築城，要求割讓澎湖；且威脅大明國同意其在大陸沿岸從事貿易，而與大明沈有容軍的發生戰鬥。

　　大明以「海禁」斷絕荷蘭軍的糧食和水源供應，迫使荷蘭於 1624 年（明天啟 4 年），撤離澎湖轉進福爾摩沙。荷蘭先入臺江內海，佔領赤崁，並在北線尾（今安平附近）建好臨時堡壘，同時設置東印度公司的商務辦事處，任派駐福爾摩沙長官。

　　1630 年，荷蘭在鯤身（今安平）興建熱蘭遮城，另在手槍射程內的高地處，興建一座小石堡烏特列支堡，以確保海防安全；1650 年，又築普洛文蒂亞城（今赤崁樓）為行政中心的軍事基地，以攻擊西班牙和阻止大明船隻航行到馬尼拉；其次作為貿易中心以建立大員與大明市場的轉運站，且連結到國際市場網絡。

　　大明中業以後，各國經濟發展促進市場的需求，面對大明國朝貢限制所導致市場交易失衡的現象，促使商人以走私、海盜、武力等違法的方式來尋求解決。當時最適合走私的會合地，就選擇靠近大明國，又非大明國屬地的大員，更凸顯福爾摩沙特殊地理位置的重要性。

　　1624 年（天啟 4 年）到 1636 年（崇禎 9 年），公司政府採取與各村社締結具有領主封臣關係的協約式「領邦會議」。1636 年之後，更以分區召開「地方會議」的方式確認權力關係，「地方會議」成為公司政府治理福爾摩沙的封建政體。

　　「領邦會議」強調村社首長個人對長官人身的封建關係，而

「地方會議」則趨向於將這種關係，衍生為公司政府與福爾摩沙本島屬民（原住民和大明國人）兩個群體相互之間締結的契約。

「地方會議」即歐洲當時封建政體下「等級會議」的一種型態。簡單地說，對於這個「領地」來說，領地等級團體不是單單對領主表達服從而已，還要以人際之間的情感和利益的結合，在與領主相互誓約的基礎上，建立一個特別共同體。他們因此和不參與地方事務的「屬民」截然不同。而由於領主的宣誓，也必須遵守自古相傳權利與自由的約定的這種意識。

重商治安強調為維護村社的秩序，乃透過「地方會議」的運作，集合各社族長或長老討論各村社的重要情事，如長老任期、長老與教師的工作分工、村社彼此關係的溝通、繳稅規章、與大明國人相處原則。

同時，賦予長老在自己社內的司法權，以及授與荷蘭奧倫治親王的三色旗、黑絲絨禮袍和鑲有公司銀質徽章的藤杖等信物，作為政治權威的表徵，來凸顯荷蘭聯邦共和國的決定荷蘭東印度公司，荷蘭東印度公司又決定了印尼巴達維亞和福爾摩沙的公司政府體制。

1580 年（明萬曆 8 年）4 月，頒布於荷蘭諸邦的「永久詔令」是為整個司法體系運作的準則，而「公司法庭」的設置正是負責執行「永久詔令」當中有關「治安」的政治集權傾向和範圍。

隨著貿易市場的穩定，和大員市鎮的商、漁業發展，與臺灣原住民結盟及內陸農業、狩獵開發，越到統治的晚期，議會就越固定於大員（熱蘭遮）城內。另外，隨著基隆城、淡水城議會之設置，熱蘭遮城議會也漸漸獲得地區性政府的地位。

　　早期的大員長官與議會較具軍事性，晚期則漸漸發展出地區性的立法機能，也凸顯治安權限劃分在於議會之間的層級關係，而不是地理上的範圍。同時，維護治安的工作也隨著人民活動區域的擴大，與人際關係的複雜化因而擴權。

　　公司政府的權力結構是由特許權、股權與有限公司的混合公司型態，一但公司未能再履行那些職能時，不僅特權被剝奪，就連其成立的原旨和進行戰爭的職能都要喪失，也因此引發公司政府內部權力腐化，官吏受賄成風，欺壓百姓、搶奪房地產的治安問題。

　　加上，公司政府成員大都來自荷蘭社會的中下階層，當他們受僱來臺只是想撈了一票就走的「牙刷主義」心態。除了引發上述「大員事件」的涉外治安之外，還先後引發政治性治安的「麻豆溪事件」與「郭懷一事件」。

　　「麻豆溪事件」起因於 1623 年（天啟 3 年），公司政府商務員的調查貿易情事，受到麻豆社原住民的襲擊。加上，接著發生的「濱田彌兵衛事件」，導致公司政府與島上住民之間的互信不但蕩然無存，更因為政府施政所引發新港（今臺南新市區）、目加溜灣（今臺南安定區）、麻豆（今臺南麻豆區）、蕭壠（今臺南佳里區）等原住民的不滿。公司為了政治的穩定，長官納茨（Peter Nuijts）認為士兵總數要增派才足以維護大員地區的治安。

　　1629 年，納茨帶著一連隊的武裝士兵前往麻豆社緝捕漢人海盜，在回程途中的麻豆溪渡河時，受到麻豆、目加溜灣原住民的襲擊，有多人被殺。事件發生後，這群原住民以戰勝者姿態，到新港地區叫囂，並意圖截殺長官，燒毀官舍與牧師的住宅。由

於長官已聞聲而逃，他們遂轉往赤崁，燒毀公司的牛欄、馬廄、羊圈，揚長而去。事件之後，荷蘭地圖更將麻豆溪標示寫明「謀殺者之河」、「叛亂犯之河」。

「麻豆溪事件」發生之後的半年，麻豆社原住民再次殺戮一位駐守在赤崁的荷蘭士兵。接著麻豆社和目加溜灣社的居民來到新港社，求見公司政府長官普特曼斯（Hans Putmans），希望與荷蘭人和談，經過傳教士干治士（Georgius Candidus）的斡旋，雙方達成三項協議：歸還被麻豆社人殺害的荷蘭人頭顱、骸骨；歸還所有奪去的武器；此後每年貢獻感恩禮物。

1630年（崇禎3年）至1635年（崇禎8年），原住民族彼此間仍然進行傳統的馘首戰爭，荷人捲入合縱連橫。1634年（崇禎7年）8月，大員附近新港社與二層行溪南方搭加里揚社決鬥失敗，求之於荷軍助戰。隔年，荷軍渡河攻打搭加里揚社，致使附近（今高雄地區）原住民各社遷居更南方的屏東地區。當普特曼斯（Hans Putmans）長官親率荷蘭士兵，及新港社原住民攻打麻豆社，麻豆社不敵，被迫與荷方簽訂「麻豆協約」。

根據「麻豆協約」，除了原住民之外，不管是大明國人還是其他歐洲人，與原住民之間的任何交易、贈與等行為，只要以法律契約形式為之，未通過長官與評議會的認可，就一概無效。

如此，任何人想要租借、購買島上住民的土地，都要和公司政府簽訂契約，而貿然佔領原住民的土地，將構成國際法上宣戰的正當理由。引發大明國人激憤的原因也相當清楚，如果是要以契約的方式和原住民交易，顯然不能不經公司政府的同意。

採取契約方式交易的物品，顯然不是小商販四處零售的日用品，而是大宗貿易決定性的鹿皮、肉類等；以及最重要的地產及

經濟作物。以這一協約為基礎，倘若擴大解釋，所有和島上住民的交易都必須經過公司政府的同意才能生效，這與後來發展包辦社產交易的「贌社制」有密切的關聯。

「贌社制」為荷蘭統治福爾摩沙時期實行的村社承包制度，將轄下原住民村社的交易權公開招標，商人得標後即可獨佔村社的所有交易。得標的承包商以衣料、鹽、鐵鍋及各種雜物，和原住民交易鹿皮、鹿肉，再轉賣鹿製品以賺取利潤。

檢視「郭懷一抗荷事件」的整個治安事件，公司政府主要藉由武裝動員 2,000 名原住民的幫助，以及在配有火槍裝備的荷軍指揮下，來對抗由郭懷一所領導這些手執末端削成尖的竹竿、高舉鋤頭和鐮刀的漢人團體。受到不滿意荷蘭統治的日本人紛紛離開福爾摩沙，於是大明國人有機會大量替補，荷蘭各處商館附近的地區，遂居住了許多從其他地區遷來的大明人。

大明人所受到不公平壓迫，積怨難平的導致 1652 年發生「郭懷一抗荷事件」。經歷過此一治安動亂的浩劫，福爾摩沙鄉村遭受重大損失，不但儲存的稻穀物資等，和多數房屋被毀，貿易也陷入停頓，致使公司蒙受重大損失。

1651 年（永曆 5 年），種植的甘蔗也無法收成，導致長老和農民無法以糖抵換公司貸給他們的胡椒；如果再加上當時發生的蝗蟲災害，公司政府不但無法維護社會秩序，對外亦無力對抗來自海上的其他商戰勢力。

這一連串發生的治安事件，是公司政府在福爾摩沙統治政權失控的徵兆，不但造成農業經濟蒙受重大損失，市場秩序也必須經過至少一年時間才能復原，危及公司政權的正當性和穩定性。

更嚴重是郭懷一原係鄭芝龍的舊屬，其反荷蘭統治福爾摩沙

的行動，影響了鄭成功決定 1662 年（康熙元年），自廈門率進攻，迫使荷蘭結束在福爾摩沙的 38 年統治。

## 三、東寧傳統治安時期（1662-1683）

### （一）近世國家時代治安

鄭成功、鄭經、鄭克塽的鄭氏三代，是第一個正式統治臺灣的漢人，本書將這時期政權，稱之為東寧時期（1662-1683）。鄭成功以武力驅走荷蘭人在臺灣的統治之後，成為大明國（1368-1662），尤其是接受南明冊封的王朝，江日昇《臺灣外記》稱是將臺灣建立在「名為成功之踞，實為寧靜王而踞」的東寧王國時期。

14 世紀到 17 世紀的前現代東亞國際關係，基本上是一個以「中華世界秩序」中的大明國為盟主冊封、朝貢關係所構成。這種冊封體制的結構是透過核心與邊陲關係來形成，型塑了南明鄭氏東寧王國統治臺灣封建治安的具體形式。

大明國初期的治安政策，基本上是遵行開國皇帝朱元璋在《皇明祖訓箴戒章》中所立下的準則：四方諸夷，皆阻山隔海，僻在一隅，得其地不足以供給，得其民不足以使令。若其不自揣量，來擾我邊，則彼為不祥；彼既不為我中國患，而我興兵輕犯，亦不祥也，吾恐後世子孫倚中國富強，貪一時戰功，無故興兵，致傷人命，切記不可。

大明國開國之初，實施的管制貿易和海禁政策，除具有維護治安的目的之外，其實亦有抑制元代時期的重商貿易活動。大明

國欲圖恢復以傳統重視農業的發展，但衡之以海上利益為其經濟命脈的沿海居民而論，政府雖屢頒下海通番禁令，仍不能杜絕違法居民的望海謀生，和盛行私自下海通番，導致其往往有家歸不得，更促成僑居於海外者漸多。

　　漁民出海捕魚維生，雖遭海禁政策的影響，但漁民為求改善生計，亦實難抑制。加之，大明國中葉以後，受到人口增加壓力所引發的治安議題，沿海居民毅然鋌而走險，競相朝向海上發展，並將其漁場拓展到臺灣沿岸，建立與臺灣原住民商業來往的所謂「漢番交易」。促使大明國不得不於 1567 年（明隆慶元年），開放海禁，福建當局對於來往於臺灣的船隻，則採取商漁船引的治安管理措施。

　　江日昇《臺灣外記》指出，初期臺灣乃開創之地，雖僻處海濱，安敢忘戰？暫爾散兵，非為安逸，初創之地，留勇衛、侍衛之旅，以守安平鎮、承天二處。其餘諸鎮，按鎮分地、按地開墾，日以什一者瞭望，相連接應，輸流迭更。是無閑丁，亦無逸民。插竹為社，斬茅為屋。圍生牛教之以犁，使野無曠土，而軍有餘糧。其火兵則無貼田，如正丁出伍，貼田補入可也。其鄉仍曰「社」，不必易；其畝亦曰「甲」，以便耕。照三年開墾，然後定其上、中、下則，以立賦稅。但此三年內，收成者借十分之三，以供正用。農隙，則訓以武事；有警，則荷戈以戰；無警，則負耒以耕。寓兵於農之意如此。

　　東寧時期涉外性治安的環境因素，基本上是受到大明國不朝向成為一個遠洋商貿國家，和針對具有戰略性物資的馬匹、兵器、鐵具、銅錢或絲綢加以管制的影響，導致 16 世紀以來，與日本之間非法走私和海盜，甚至於到海外經營的大明商人，都被

懷疑是假冒朝廷使者以獲取東南亞朝貢國的政經利益者。

東寧王國涉外治安議題包括：與英國東印度公司簽訂的通商內容，又命伐木造船的銷往日本，以及購買兵器所導致大清國的強迫福建等五省沿海 30 里內居民的遷徙內地，並將其化為界外的嚴禁與臺灣來往，同時，實施堅壁清野政策，以封鎖沿海人民與鄭氏家族等海外敵對勢力的連結，最後導致南明東寧王國將臺灣政權交到大清國手中。

## （二）受封政府體制治安

鄭成功具有中日混血的特殊身世，日本人認為鄭成功是他們開拓臺灣的始祖，不但對鄭成功有極高的禮遇與評價，並影響對其後來主張 1895 年至 1945 年之間佔領臺灣的具有正當性，而合理化其統治臺灣的正當性和合法性。

東寧時期的受封政權，可以溯自 1661 年鄭成功的率軍從金門經澎湖，於鹿耳門溪在北線尾附近登陸，以圍攻策略逼降荷蘭，建立東寧王國，這是近代史上歐洲政權在東方海上的一次重大挫敗。

1662 年（永曆 16 年）5 月，鄭成功逝，世子鄭經繼位，其地位類似日本幕府體制，崇尊南明政權。鄭經改東都為東寧，二縣為二州，設安撫司三，南北路澎湖各一。並設四坊以居商賈，設里社以宅番漢；治漢人有州官，治番民有安撫。然規模不遠，殊非壯觀。亦即興市廛、教耕種，漸進中國風土矣。

東寧王國在臺灣猶如自成一個封建王國，然而，就臺灣原住民族的相互主體而言，正如英國移民北美洲的「逐走土著人」，

以便為不斷增加的移民人口騰出空間，亦是漢人血統和中國文化最先以軍事武裝在臺灣建立的政權。

檢視東寧時期受封型政治性治安係移植大明國的治安制度，尤其是鄭成功執政的實際政治中心並不在臺灣，而且在他取得臺灣統治權的不久即過世，因而引發「弟承兄業」或「子承父業」的叔姪王位之爭。

在廈門以「世藩」嗣位的鄭經執政時間，從 1662 年至 1681 年過世的長達 19 年，亦為爭取維護臺灣的治安，曾經多次展開與大清國的談判，一度有意倣效採取不削髮、稱臣納貢的朝鮮奉大清國為宗主國模式，但由於鄭經的堅持泉州等四府必須歸屬其管轄立場，致使談判破裂，也導致鄭經遭受批評為「人在金廈，心在漳泉」的統治心態。

當鄭經過世，長子克臧螟蛉難嗣大位的，與次子克塽的「嫡庶王位」之爭；同時，陳永華與馮錫範的王室親家介入王權爭奪，特別是馮錫範與鄭哲順、劉國軒等人發動「東寧之變」，絞死監國鄭克臧，立鄭克塽所引發的受封型政治性治安議題，最後結果鄭克塽勝出，勉強於 1681 年繼位，但東寧王國氣勢已不復當年。加上，臺灣原住民的不滿統治。1683 年鄭克塽削髮歸順大清國，並與南明朱氏宗室一起被遣回大陸內地致死。

1699 年（康熙 38 年），大清詔令遷鄭成功靈柩歸葬故里福建南安，同時遷葬於祖墳的有鄭成功夫人董氏、兒子鄭經和兒媳唐氏等，此外鄭成功父親鄭芝龍的牌位，以及鄭成功的日本母親田川氏一起遷葬祖墳。

從鄭成功、鄭經、鄭克塽的三氏受封型政治性治安在臺計傳三世，歷時 22 年。溯自鄭芝龍的來臺之始，則相繼 40 年。換言

之，若計自鄭芝龍起於 1621 年（天啟元年），至 1683 年（康熙22 年）的鄭克塽歸誠，其受封政權計達有 62 年之久。

東寧時期的初期，為解決人口增加所引發的糧食治安危機，首先必須確保土地的有效利用，尤其最擔心軍糧供應不穩定與持續性所引發的治安問題。所以，土地經營乃行軍人屯田開墾的武裝方式，延用荷蘭時代的「王田」，和將荷印度公司所屬「公司田」的改稱「官田」；而文武官所開墾的土地稱為「文武官田」；另外，屯營所開墾的田地稱「營盤田」，宛如帶有武器的高級農耕隊。

經濟治安議題除了承認先來漢人，和已開化原住民對於土地既得權益，以先確立了財產權的方式來安撫居民之外，乃實施「軍屯為本、佃屯為輔、寓兵於農、展拓貿易」的發展墾殖農業。

這種「軍兵屯墾」制度，平時則化兵為農，使能自食其力：戰時則化農為兵，期為征戰之用，正是所謂的「農隙則訓以武事，有警則荷戈以戰，無警則負耒以耕。寓兵於農之意如此」。

東寧時期頒布屯田政策後，軍隊點狀集團性的開墾，主要農業發展範圍只發展從臺南到新竹附近。到了鄭經佔領基隆附近以後，就將該地視為流放政敵和犯人的地區。當時臺灣北部的開墾，多以違法犯紀的犯人的開墾為主，規模亦相當有限。

東寧時期在臺灣更實施「汛地屯墾」策略。所以，土地開墾的區域，開始只是一種點狀的分布，主要開墾範圍在西南沿海平原。由於赤崁一帶在荷西時期已經漸次開墾完成。

新開墾的田園就集中在嘉義平原、鳳山北部平原。對照荷蘭時期對福爾摩沙土地的開發已達 8 千 4 百甲，及至東寧末期，開

墾的田園面積約 1 萬 8 千 4 百甲。當時臺灣的漢人人口數約 12
萬人，逐漸超過原住民的人口數。東寧時期積極對臺灣內部開發
的進展，臺灣在名義上雖歸屬於大明國，但漢人在臺灣的經濟主
導權始告確立。

　　東寧時期戰爭體制與經貿發展的並行策略，當時的屯田建
營，其營盤田在臺灣南部已有很廣闊的分佈。屯田的目的在寓兵
於農，而沒有廢兵，例如 1673 年（明永曆 27 年、清康熙 12
年）三藩之變，鄭經亦召集屯墾的士兵予以響應，卻也導致農業
勞動力的受影響，屯墾的生產力漸見衰退，但寓兵於農政策仍是
奠定漢族在臺灣落地生根和穩定生活的基礎。

　　營盤田的農業，目的在屯田的自給自足。不過，這些屯田與
文武官田及承天府府田的佃人不同，他們有特權，可免納租稅，
但是佃人除了租之外，還有稅，而且擔負的稅還重於租。加上，
官田園的所有者為鄭氏，文武官田園的所有者，為鄭氏的宗黨及
文武百官，這些貴族與官僚對於佃人經濟利益上的支配容易引發
不滿。

　　政府為解決農業生產力所引發治安問題，不得不依賴提高租
稅來支撐龐大的軍費開銷。同時，為了確保延續長期以來對沿岸
操業漁船的稅收，在港口碼頭上更設置監視所，並且將漁業稅的
徵收採包稅制度。

　　高拱乾《臺灣府志》指出，有司只按總額徵收，番亦愚昧無
知，終歲所捕之鹿，與夫雞、犬、牛、豕、布縷、麻菽，悉為社
商所有，間有餉重力薄，社商不欲包輸，則又諉之通事，名為自
徵，通事額外之朘削無異社商，雖屢禁懲，未盡改也。

　　由於鄭軍屢遭清軍與荷蘭聯軍的夾擊，加上嚴重受到大清國

在沿海地域厲行遷界與海禁的影響，使得與大陸之間的生絲、陶器等貿易受阻，東寧政府被迫不得不改採轉運策略，將船隻轉往日本、琉球、呂宋、暹羅，導致每年到長崎的商船增多，反而降低了臺灣與大陸的直接貿易。

東寧政府為解決經濟治安，同意英國東印度公司於 1675 至 1680 年間在臺灣開設商館。英國商館認為只要能透過與臺灣的通商，即可達到直接與大明國、日本及馬尼拉等地通商的目的，而東寧則以徵收進口稅 3%，允許英船進入，出口稅則免。

受封政府的同意來自大陸及各國的貨物可以匯集臺灣，其中還包括軍火交易，雖然詳細規定了每艘英國商船供應武器的數量，以確保軍火的供應無虞，但也凸顯受封政府因經濟問題所引發的治安危機。

## 四、清治傳統治安時期（1683-1895）

### （一）工業革命時代治安

1683 年，臺灣納入大清政府的統治，迅即成為福建省的一府。原先大員只用來指荷蘭建設、立基的小島，後來變成稱呼全島的「臺灣」；而南明東寧王國統治時代擴大許多的赤崁城，則被訂為臺灣府。

對於臺灣原住民族，概稱為番，乃延續大明時期對臺灣土著所稱的東番，而更以其有無歸附而區分為生番與熟番。伊能嘉矩《臺灣文化志》其中關於所謂熟番，如 1737 年（乾隆二年），裁減番餉之上諭云：「朕思民、番皆吾赤子，原無歧視。」

縱使不如其他漢民被認為受統治之主體，仍將其置於特殊統治政策之下；至於生番，則完全視為化外之異類，如 1738 年（乾隆五十三年），御製〈福康安奏報生擒莊大田紀事〉語云：「生番非我臣僕，性情不同，語言不通。」

清治臺灣初期，並不想真正保有臺灣，嗣因施琅陳述臺灣經貿市場與戰略地位的價值，並強調唯有將臺灣納入大清國版圖之內，福建、浙江、廣東和江蘇的安全才得以保障。臺灣的正式被列入大清國版圖並命名為「臺灣」，致使「臺灣」一詞具有高度的中國意涵，是大陸政權向海洋擴展的代名詞。

## （二）皇權政府體制治安

大清國皇權體制是指一種政治體系，它地域遼闊，權力相對高度集中，且以皇帝個人或中央政治機構為代表，而自成的一個政治實體。皇權存在的基礎通常合乎傳統的合法性，然而他們往往鼓吹一種更廣泛的、潛含統一性的政治和文化導向。

大清政府中央皇權體制控制了所有國家及私人資源，它可以用行政命令改變財產的所有權，強迫徵收財務或強迫個人服從，一個縣令可以集民政、司法、財政所有大權於一身，在不違反皇帝獨裁大權的前提下，幾乎可以為所欲為。

清政府的高度中央集權化，府之下有州及縣為三級，另有直隸州、直隸廳，直屬於省，其地位與府略同。而每二省或三省置總督總轄之，統制文、武政權。總督原為行政文官，為令其綜理軍務，故另加兵部尚書銜，為令其監察行政及參與司法終審，所以加都察院右都御史銜是為定例。有各省置巡撫，專綜理民政，

總督不駐在之省，由該巡撫兼理軍政，在省有布政使掌理財政，有按察使掌理刑名，有道員依職制所示專任行政之監督。

　　大清國的皇權體制在臺灣設立的官僚體系，最高者為正四品的分巡臺廈道，後來簡稱道台，是臺灣最高級文官，下屬知府、同知、通判、知縣、典史、巡檢等。至於道台直接承屬的地方大員則為閩浙總督、福建巡撫、福建布政使、福建按察使，而中央管轄文官的則為吏部。

　　對於統治臺灣的職官體系，1885 年（光緒 11 年），臺灣未建省以前，臺灣隸屬福建巡撫下的「臺廈兵備道」管轄。臺廈兵備道（道台）是臺灣地方最高的文官，以保境安民（按司獄）為其職責，有事可命臺灣鎮臺（總兵）的軍隊彈壓地方，並可節制所轄境內副將、參將、遊擊、都司、守備、千總、把總等武職，而在班兵制中，臺灣兵雖得拔補千總、把總，但數目受到嚴格限制。

　　臺廈道加按察使銜，能與臺灣鎮臺（總兵）共同來審判，刑案審判地點在臺灣鎮署，奏事時鎮居前，道在後，決囚的位置亦如是，處決囚犯時，鎮有王命，故鎮在審判時居重要的角色。至於流刑以上才轉到福建按察使。

　　在文官方面臺灣道（台）下轄府（知府，設同知、通判）、直隸州（知州）。臺灣的同知一為知府的佐貳官，一為派出專管地方的同知，通判亦與同知負責相同職務，其主要工作為：第一、掌警察治安事務，如捕盜、緝捕同知；第二、掌供給軍糧，如清軍同知；第三、掌河海防禦事務，如江防、海防同知；第四、掌鎮撫蠻夷事務，如撫民、撫夷同知。

　　臺灣府下轄縣（知縣，設縣丞、巡檢）、州、廳級行政單

位。知縣掌一縣治理，集所有行政、財政、司法、治安、教化等權責於一身，地方一有暴亂發生，即須負鎮壓與守衛之責任。

與清治地方治安制度相輔相成的基層治安工作，即是沿續明鄭東寧時期的鄉治制度，乃於各莊、村、鎮設置總理、董事、莊正、莊副等鄉治幹部。例如「總理」一職，因其不僅由地方紳耆推選而出，本即具有聲望，且經過地方官的訊驗，認為適任，而後予以核准，並發給諭帖與戳記，諭帖即為其職位與權力的憑證，戳記即為其行文印信。

至於主要職務：第一是屬於民治者，約束及教化街庄之民，取締不肖之徒，對不聽約束者加以懲罰；維持境內治安，監視外來之可疑人物，捕拿盜匪，且因此而團練壯丁，必要時並聯合相近里保團練；接受人民投訴爭執而予以排解；稟請董事、街庄正、墾戶、隘首等鄉職的充任與斥革；建造寺廟，開路造橋，設義塾、義冢、義渡、義倉或其他公共之社會福利事業。

第二是屬於官治者：官署諭告之傳達，公課的催徵，保甲組織及戶口普查，清莊聯甲，團練壯丁，分派公差，路屍報處，命案、盜案及民刑案情之稟報，人犯追補等等。

大清夙依「聯保甲以彌盜賊」的意旨，實施保甲制度，以為遂行自衛警察目的的機關。而在臺灣開始實施於 1733 年（雍正11 年），然純以委諸地方自理為主。且在道光末年以後，幾乎歸於有名無實。直到1874 年（同治 13 年）日本派兵侵犯臺灣山地，依據沈葆楨建議，決定在臺灣府治（即臺南）再興保甲。

臺灣鄉治的基層治安體系是「勵行保甲，組織團練」的兩項措施，期以「聯保甲以彌盜賊」達成地方上守望相助的治安工作。保甲制度是一項源於民間地方性的組織，但經過宋朝王安石

的提倡而推廣成國家的官僚統治組織，再運用到鄉村地區時，變成為一個非常機械化的官僚統治系統。

保甲的職務，分為警察、戶籍、收稅三件，就中警察最重。檢視保甲制度雖在臺灣亦於鄭氏時期即已設立，但在 1795 年（乾隆 60 年）以前的臺灣地區，也只是有名無實的一項官僚統治組織。1821 年（道光元年）以後，保甲滲入聯莊及團練之內，其固有機能已不亦顯見。但是滿清政府越要掌握漢人社會的控制權，就越需要依賴保甲制度。

1874 年（同治 13 年），沈葆楨籌議下，當時臺灣府治乃重新編制保甲，成為一種官民混合的治安制度，在府城內設保甲局，城外設保甲分局，其委員均由雜職吏役候補者充任，其任期本來不定，但分局委員以四個月為期，互相交替。臺灣建省後，劉銘傳決定先行編審保甲，為清理田賦做準備，並設保甲總局於臺北城內，以維持此一制度。

戴炎輝指出，清治保甲制的作用僅編查戶口，並未能成為實質運作的組織體，充分發揮維持地方治安的機能，徒具保甲制之名。大清的司法制度雖因地方採行保甲制度而獲得強化，但由於在許多地方，沒有人願意出任工作繁雜又具危險性的保甲長，保甲制度已形同虛設。特別是受到保甲制度連坐法所體現社群中所有成員皆須為善良的社會秩序負責，和罪犯的鄰居朋友都須連帶受罰的影響。

保甲制度是在強調其對鄉村社會的分化效果，使保甲之頭人成為政府執行治安的工具，而非為地方利益的代表，所以自然要將此項機械化的制度加之於原來固有的社會組織上，形成雙軌制。

　　臺灣辦理團練，始自 1721 年（康熙 60 年）平定朱一貴事件之後，實施鄉兵的特別制度，分一般鄉兵與特殊鄉兵兩種。一般鄉兵即民勇的編制，以訓練鄉壯，連絡村社，以補班兵防備之不足。家家戶戶，無事則散之農、賈，有事皆兵，使盜賊無容身之地。特殊鄉兵之組織因實際有其必要而採行，一即六堆之組織，一即屯番之組織。前者導源於蘊含操縱以難駕馭著稱之粵屬之政略，後者則併由來餘裕利用為防守番界彈壓生番所為隘丁補充之方策，自屬一種準武備機關。

　　1786 年（乾隆 51 年），林爽文之變，郡治嚴峻，各鄉多辦團練，出義民，以資戰守。但此僅為一時權宜，後即裁撤。然而，如何有效維持臺灣的安定卻是一個複雜的問題，清政府經過幾番討論，決定將幾個臺灣的縣進一步細分，以強化控制，也允許先前赴臺墾荒內地官民的妻小能渡海與家人團聚，以求社會穩定。同時也同意漢人得向臺灣的原住民訂約承租地，也為臺灣的原住民劃定若干保留區。

　　1786 年（乾隆 51 年），臺灣的林爽文事件，叛眾號稱 50 萬人，攻陷臺南府城，殺知府、道台高官數十人，全臺幾乎淪陷。福康安於年底領兵 8,000 大軍來臺，鹿港登陸後，再招義勇 8,000 人。彰化八卦山一戰，福康安以寡擊眾，亂民潰不成軍逃散。

　　清軍再搭船艦登陸雲林北港，幫嘉義的柴大紀軍解圍。接著剿大埔林、收斗六門，再攻臺中大里杙。林爽文被迫逃往南投埔裏（里）社，在集集埔（堡）被俘。清軍再至瑯嶠，執莊大田，臺灣平。

　　乾隆皇帝為了「嘉」獎諸羅縣民的「義」舉，遂將「諸羅」

改名「嘉義」。天地會更在歷經林爽文事件以後，隨著時代的演變形成兩大幫會組織，陸路以洪門為主，據山為寨；另有一些天地會分子加入了漕運工人為主的清幫，沿江設舵。

1862 年（乾隆 51 年），戴潮春事件除了與他哥哥組織八卦會有關之外，亦與大清查緝會黨有關。而在戴潮春起事前，清政府就曾召集紳商，共同籌議保安總局，舉辦團練。1874 年（同治 13 年），日軍大舉侵臺，乃創設「全臺團練總局」，統率各地分局，命所在仕紳為局首，以樹首尾相應之策，然未見普及全臺。

1881 年（光緒 7 年），分巡臺灣兵備道劉璈改稱為「培元總局」，主要為辦理平時慈善公益等事宜之處所。1884 年（光緒 10 年）中法開啟戰端，臺灣亦處於須嚴加警戒狀態，劉璈乃再議將培元總局復舊為全臺團練總局，統轄各屬分局，命令全臺團練大臣膺其總監，其後，於臺北、臺灣、臺南三府設立之。1891 年（光緒 17 年），臺政縮緊以後，團練之制亦成為具文，騎局務僅止於依照舊例辦理冬防而已云。

團練並非常設組織，多僅以應付戰亂而舉辦，事平之後則中止。檢視團練這一民兵組織的最大貢獻，在於協助官軍的綠營平定了朱一貴、林爽文和戴潮春三次較大規模的民變。

1875 年（光緒元年）起，福建巡撫沈葆楨為因應「開山撫番」，而於臺東置卑南廳，埔里社置中路撫民理番同知，基隆置北路撫民理番同知，而更為積極開墾山後，不惜出動兵勇，開通橫斷中央山脈的三條道路，促進北部經濟發展，也影響政治中心的北移，但是人民在前，官在後，仍有許多番界無所屬，清治時期所能掌控的疆界並未擴及全臺。

　　所謂「開山」，就是要解除海禁和山禁，有計畫的從大陸招募內地人民，前往山區及山後地帶開墾，並設有隘來保障墾民的安全。也就是說清政府設立的招墾局，採官費方式招募閩粵人民來臺開墾。

　　其辦法是：免其航費，以十人為一組置十長。百人置百長，百長由招墾局選任。所以，開墾仍以十人（戶）為單位，除提供各項實質的糧食、農具、農籽、織機和減租等補助方案之外，還發給百長槍械火藥等，俾墾民自衛，並在重要所修道路沿線的移墾據點，派駐軍隊保護。

　　所謂「撫番」，就是要有計畫促使原住民漢化和大陸化。加上，日本出兵臺灣所根據的理由之一，是清政府並沒有實際擁有臺灣番地的主權。清政府不得不積極的透過「開山撫番」，以證明實質上能在番地實行主權，並全面阻絕外人對臺灣領土的野心。

　　1885年（光緒11年）起，劉銘傳在臺灣接事。1887年（光緒13年），臺灣建省，改福建巡撫為臺灣巡撫，兼理提督學政，設巡撫衙門於臺北，置布政使司理全臺財政。劉銘傳的實施進取政策，希望「以一隅之施，為全國之範」，將「臺賊多自內生，鮮由外至」的臺灣兵備方針改為以對外防備為重。

　　臺灣最高武官是總兵官，直接承屬水師提督、陸路提督、督撫、地方將軍，中央則是兵部；臺灣總兵官下屬副將，分水路、陸路兩種，下屬參將、游擊、都司、守備等四個職位的中級武官，下屬千總、把總兩個職位的下級武官，下屬外委千總、外委把總，而最基層武職中的下級官兵，稱為額外外委，與營兵一同配渡而來。

　　檢視 1840 年（道光 20 年）的鴉片戰爭後，緊接著太平軍崛起，各地督撫因組勇營剿太平軍而地方勢力大增，其地方上的用人行政權落入督撫手中，臺灣的職官也受此大勢影響，湘系為閩浙總督時，總兵、道台都全屬湘系，如左宗棠當閩浙總督時臺灣總兵士劉明燈，臺灣道則是吳大廷；淮系若處優勢則自中央到地方都是淮系的天下，如李鴻章當北洋大臣，臺灣巡撫則是淮系的劉銘傳，使得朝中的湘、淮派系之爭也在臺灣出現，平添施政困擾。

　　此外，地方大員的籍貫也深深影響到皇權行政運作和官員任命。臺灣建省初期的勇營駐地、軍力和布署，不斷地發生湘軍與淮軍的派系鬥爭，彼此牽制而削弱軍力的治安情勢。

　　加上，大清政府對臺灣人不放心，班兵輪班，泉州子弟兵不能駐紮泉州人的村落，派駐臺灣的政府官員薪水，被限制在臺灣只能領取少部分，其餘部分由眷屬在大陸支領。而臺灣建省與福建分治的結果，也是臺灣逐漸脫離中國羈絆的開始，而日本更堅定其強佔臺灣的野心。

　　清治時期實施的總督巡撫皆帶有督御史銜，名義上雖以布政司使為行省長官，而實際權力則在督撫手上，導致偏重軍事統治的性質。此種中央與地方的權力關係，在平時足以阻礙地方政事的推動，而增加地方與中央的隔閡，而當一但中央政權削弱，各行省轉而為反抗中央分區割據的憑藉。於是清末督撫權力關係的演變，形成民國初年的督軍，和後來的軍閥割據局面。

　　1891 年（光緒 17 年）6 月，沈應奎接任劉銘傳臺灣巡撫；11 月，邵友濂接任。1894 年（光緒 20 年）10 月，大清國以布政使唐景崧為巡撫，調兵渡臺籌畫防守，但北洋清軍戰事不利。

1895 年（光緒 21 年）3 月，清政府詔令北洋大臣李鴻章為全權大使，與日本總理大臣伊藤博文議和，兩國簽訂《馬關條約》。

5 月 23 日，臺灣民主國成立，推舉唐景崧為大總統，唐總統為表示對清皇帝始終忠心耿耿，後來所有的公文、布告都使用「臺灣民主國總統、前署臺灣巡撫布政使」的官銜。

新政府各部門分設於臺北府的舊衙門，內閣閣員包括軍務大臣、水師大臣、內部大臣、外務大臣；將官有南部總司令劉永福、丘逢甲鎮守中部、楊歧珍統領北部。

新政府雖有張之洞總督的支持，除了供應武器軍火，還曾提供大量軍餉、兵馬、武器予新政府；並亟於尋求外國勢力，尤其是法國的協助，但終究落空，只能自立自強，把地方民兵、招募來的客家軍，以及大陸來的正規軍組織起來，抵抗日軍。

新政府受到政治性治安敗壞的影響，最後軍力不敵，前後僅成立 13 日即告瓦解。之後臺灣與朝鮮先後淪為日本殖民地，亦即結束大清國對臺灣長達 212 年的統治。

## 五、社會定著化「警察傳統」治安

原始民族的社會生活，通常是在屬於同血族（tribe，或稱種族）的氏族（gens or sib）內部進行；這是共同生活與共同生產相互結合。氏族共有的土地，是臺灣原住民賴以生產的工具與資產；氏族的各成員只要互不妨礙，都可使用共有地的一部分，即氏族的成員在共有地域內，可任意行獵、開墾山林原野、開闢道路、砍伐竹木、採集天然物及建築自宅。

村社就是最高的政治實體，但是在臺灣島的其他地方，存在

著規模更大的政治實體。例如位於南方偏遠地區，荷蘭人曾遭遇一個雛形王國，其領袖則被稱為「琅嶠君主」。此所謂的「君主」下轄 16 個村落，每個村落本身都有特定的首長，領地原則上是透過繼承而得來。琅嶠體制或許是福爾摩沙島上政治權力最集中的，但其他地區也有超村社的政治體制存在，如臺灣中部平埔族所建立的「大肚王國」。

以此階段西方國家統治臺灣的社會來論，無論西班牙或荷蘭人，其臺灣土地墾殖的地方，或權力行使範圍的臺南（安平）或基隆（和平島），恰巧都不在這些政治權力較集中的區域內。正如諾斯（Douglass C. North）指出，人類學家所作關於原始社會的大量文獻清楚地論述，許多的部落社會中並沒有國家和正式法規，而是密集的社會網絡導致非正式結構高度穩定地發展出來。

臺灣村社共同體的社會網絡形成，乃是包含單獨家族的四至五組的一大血緣共同體，是家庭組織的一種延伸結果，卻也容易造成結黨滋事的不良社會風氣。例如原住民以泰雅族最熱中馘首，這種殘酷行為深入生活，只要固有社會型態仍殘存，即是整個體系根深蒂固的重要行為模式。

蔣毓英《臺灣府志》指出，最滋害者，莫甚於賭博。夫賭博，惡業也。不肖之子挾貲登場，呼盧喝雉以為快；以一聚兩，以五聚十；成羣逐隊，叫囂爭鬥，皆由於此。至於勝者思逞，負者思復，兩相負而不知悔。及家無餘貲，始則出於典鬻，繼則不得不出於偷竊，亦長奸之化也。

結盟、酗酒鬧事層出不窮。蔣毓英又指出，豪健家兒，自附於結納，聚少年無賴之徒，指皎日以盟心，撫白水而矢誓，稱兄呼弟，修登堂拜母之文，亦自謂雷陳復出，古道相期。不知往來

頻，則飲酗之累生；聲援既廣，則爭競之患起。

馘首、賭博、結盟和酗酒是嚴重的社會治安議題，導致臺灣原住民氏族化社會，不似歐洲。早期歐洲社會雖然也因與別的遊牧民族有所接觸，與彼此爭奪及融合，從而形構成以奴隸為基礎的古代社會；但臺灣原住民族因其外來移入的漢族及日本大和民族，都是早有封建社會基礎的民族。

這些外來的侵入乃使臺灣原住民族的村社社會，不能在鞏固原有社會性治安的基礎上延續存在，即其成員的大部分，在經過與入侵者的抵抗搏鬥而失敗以後，不得不向外來者屈服；再加上為避開瘧疾的流行性疾病災害而漸次退居山岳地帶，導致日後在荷蘭、西班牙到臺灣之後，喪失臺灣原住民社會文化的主體性，而其次等文化的後代子孫從此成了「失竊的世代」。

1624 年，在荷蘭未正式統治臺灣之前，大體上，臺灣原住民時期村社共同體的近似「有序的無政府狀態」，村社體系可以從衝突中產生秩序的規範。臺灣原住民於 1630 年讓荷蘭感到吃驚，因為他們沒有國王或君主，長年累月在進行戰爭，一個村莊攻打另一個村莊，即使如此，一個村社就是一個群體，一個等級系統。

在這樣原始的民會治安狀態，擅長提供保護以獲取報酬的一群人會逐漸形成保護者負責維護社會秩序的角色，而「村社會議」是透過徵收稅款或貢金制度來提供服務。執行這類活動的群體將獲得合法性或合理性的扮演治安功能，諸如提供類如司法的警察、教育、道路和基礎建設，尤其村社會議政府型態就是代表維護治安的權力。

公司政府與福爾摩沙的連結，卻是東印度公司嘗試為打開與

大明國直接貿易失敗的附帶結果。然而，公司政府的「領邦會議」、「地方會議」，以及 1580 年頒布「永久詔令」之後的設置「公司法庭」，更促使了公司政府治安的法治化。

公司政府治安認為只要對社會安寧和福利有益的事項，均可列入「治安權」的業務加以治理，其中要項包括：公司的行使治安管理，授權各船上的風紀官執行船上議會的判決，以及設立婦女懲治所等。

為了維護社會秩序，督促地方官廳，透過法令保障弱勢，法律程序上毆殺案依法應呈報，法官不應將酒醉視為刑罰規定中的輕罪。提升公證人地位、反對壟斷生活物資、哄抬物價、反對破產的經濟性犯罪。公證人類如仲裁所（類如今調解委員會），當時是由耆老和相關公正人組成，處理相關的商業糾紛，而遇到公證人無法解決的案件時，也將會採取武鬥的方式解決。

在社會治安反對流浪漢、乞丐、醉鬼、鋪張節慶，和婚禮、小酒館和小吃店成立所引起的失序行為；將乞討者分為流浪者、朝聖者和乞丐，健康或患病等類和窮人分別加以登記；窮人子女教育、和窮人救濟金的安排；禁止小酒館招待未經登記的客人；乃至於宗教上以重刑威脅壓制咒罵與瀆神。凸顯公司政府試圖以法律為治安工具，由上而下介入公共事務的擴權行為。

1635 年（明崇禎 8 年），發生「搭加里揚」事件，和 1644 年（明崇禎 17 年）、1645 年（明弘光元年），公司政府兩次出兵的攻擊大肚社原住民，加上大明漢人普遍抱怨公司政府為徵收人頭稅，所採取由士兵負責盤查的臨檢制度。

儘管後來被迫修正只有公司官員和人頭稅稽徵員，才具有法定權力進行臨檢的治安工作，而且要求臨檢人員必須在脖子上配

戴特定的紋章，以便讓人指認，仍未能平息反對浪潮。1652 年（明永曆 6 年），發生農民郭懷一抗暴的嚴重治安事件。

　　荷蘭、西班牙統治福爾摩沙時，福爾摩沙氏族化社會才有機會發展成為多國化社會的東亞網絡的其中一環。東寧時期治安亦如荷蘭時期同樣感受原住民族是影響臺灣內部安定的重要因素。在原住民所居住的村社設有正副土官，以管理住民，其地位有如里長、保甲，採取的非世襲制度，但能發揮治安的功能極為有限。

　　在進行士兵屯田與官紳招民開墾的軍屯治安時，也要求不得侵奪原住民族的土地。並設置所謂「哨所」的「槍櫃」，來保衛居民身家安全。「槍櫃」，其實是隘勇（丁）寮，也就是隘勇守隘的據點，是泥磚屋，透過土牆上的木頭框出來的小孔，那些小孔其實就是舉槍的射口，就是隘勇守隘的地方。

　　當時漢人在其附近營建庄廟，或用竹材圍庄，設置隘門以維護家室安全，並定居下來，且逐漸依地緣關係而聚落化，「隘」制的功能治安在防止原住民侵入的安全設施。同時在東寧時期實施屯田的治安措施時，在與原住民活動或居住的交界處，還設置有土牛線，以防止彼此之間的侵犯。大明國的治安制度，在省設三司，分巡分守；在府州縣設有專職捕盜官；在最基層治安設有里甲、保甲、民壯和鄉兵。

　　東寧時期治安，漢人居民可以很容易的視此為當地治理者維護治安的命令而予以遵守，漢人居民不必然將此類措施當成是應由法律保障的「法定權利」，而可能認為這是統治者應當承擔的道義責任。東寧以後臺灣的漢人移民，已由昔日分散的部落社會，進入定居且足以發揮文化特色的民間社會。

　　土著化社會治安隨著漢人在臺灣的開發，終於由點擴散成面，由部落游牧狩獵社會確立為農業社會，迄大清國治臺時期，不但漢人社會得以迅速成長，並隨著漢人和平埔族人的通婚，以及平埔族的漢化，實已達到以漢人為主體的市民社會的程度。

　　然而，受封體制的東寧政權只准自己擁有武器，不准百姓興武。這種家天下封建體系的宰制商業活動，也阻礙市民化社會的正常發展，導致臺灣移墾社會，普遍存在有錢人不學，窮人不能學，以至於「學校不振，文風日衰」的負面評價。東寧政權一心想要維繫大明國的正統，並欲在複雜社會中凸顯仍為保留其儒家精神典範，也影響臺灣移民化社會迄今存在「內地化」與「土著化」的爭論。

　　「土著化」（native society）是先認定初期的漢人移民心態是中國本土的延伸和連續，到了後期才與中國本土社會逐漸疏離，而變成以臺灣本地為認同的對象。尤其到了清治臺灣初期，漢人已逐漸從原居民手中取得對臺灣土地和產業經營的控制權，臺灣也逐漸由一個海外的邊疆成為中國本土的延伸。

　　這種現象乃至延續到清治臺灣漢人移民社會的走向「定著化」過程。尤其是到了清末時期，臺灣漢人的社會意識顯然已經逐漸拋棄祖籍觀念，而以居住的聚落為生活單位，寺廟神信仰和宗族組織成為影響社會治安的重要議題。

　　清治之初，以臺灣孤懸海外，容易成為奸民盜徒逃亡的處所，是以禁大陸內地移民臺灣。1684 年（康熙 23 年），臺灣設縣後頒令，欲渡臺者，先向原籍地方政府申請，經分巡臺廈兵備道查核，最後由臺灣海防同知審驗批准。

　　渡臺者不准攜帶家眷，業經渡臺者亦不得招致；廣東地區屢

為海盜聚集出沒的地方，遂以積習未改，禁止其人民渡海來臺。但此禁令，雖諸多限制，並未產生實際的遏止作用，私渡來臺的人仍絡繹不絕，到 1780 年（乾隆 45 年）的 100 年間，估計增加有 70、80 萬人之多。

　　清政府對臺灣採取消極的統治，特別是從原住民，尤其是平埔族土地的失去因素，由於漢人不斷拓墾荒地，導致鹿場喪失，而鹿皮是平埔族重要收入之一；其次，漢人的巧取豪奪，不能不說是造成原住民土地權流失的最大原因；最後是「番產漢佃」導致平埔族喪失土地。

　　漢人大舉來臺拓墾，有原鄉的「外推」（push）力量，也有臺灣本地的「吸引」（pull）因素。漢人對於平地的開拓，當時以臺北盆地及淡水溪平原為最多，前者為閩人所開，後者為粵人居多。

　　另因山地是逃犯、遊民喜歡聚集藏匿的地方，政府遂頒布封山令。然而，大清政府既不能全然遏止移民來臺。1871 年（同治 10 年），又有琉球民眾被原住民殺害，引起日本向清廷抗議。1875 年（光緒元年），臺灣全境的開放移民，尤其加速後山墾荒不遺餘力，縱使面臨漢民與原住民雜處，互有戒心，地僻路遠，來亦不易，且田本沙灘，易致水患，是以招墾甚難。

　　清治末期的最後階段的短短 20 年期間，不但對加速大陸移民者在老家與臺灣的移民社區，建立了前所未有的新社會關係。無論其與原來的居住地有無聯繫，移民社區的建立，多少會創造或改變移入地區文化權力或社會認同的型態；也無可避免地與當地原來的文化產生磨合。

　　隨著大陸移民腳步而來的是新宗教與媽祖等民間信仰，卻是

清治時期促使臺灣經濟社會加速定著化的黃金時期。然而，臺灣社會在皇權體制下的民間組織與活動，大都只是同鄉、同宗等聯誼性質，比較不具強烈的政治意識，甚至屬於經濟性的組織與活動也不是很多。

對照英國皇權體制的轉變，首先是轉變到地主的特權政治，然後再經過一連串的和平變動，才轉到成年人普選的代議政治。檢視中國傳統歷史上早期的貴族階級和後期世族大姓，的確具有龐大的組織力量，足以與政府體系相抗衡，但這些人的利益都建立在政治權貴的特權上，不僅不會對抗政府，而都只是會為維護自己政經利益與政府官僚體系相結合，把政府權力視為獲得私人利益的工具。

清治臺灣治安問題除了民變議題之外，另一個影響治安的就是社會族群與分類械鬥。臺灣的民間組織與活動，大都只是同鄉、同宗等聯誼性質，比較不具強烈的政治意識，甚至屬於經濟性的組織與活動也不是很多。

由於移民性格的強悍，加上時常發生的官逼民反事件。臺灣住民反清與民間械鬥事件，不但阻礙政治進步，更影響產業發展的勞動人力，及嚴重破壞地方秩序，致使臺灣社會停滯在落後的嚴重治安問題。

臺灣長期的社會族群與分類械鬥，也一直延續到 1895 年（光緒 21 年），大清國割讓臺灣，面對新的統治政權，臺灣住民深感國家喪亡之痛，加上逐漸淡化的族籍意識，當時的住民才醒悟不能再挑起閩、粵，或漳、泉的族群對立，而一致團結對抗日本帝國主義的殖民統治。

臺灣移民的多樣性與族群特性，臺灣社會的族群與分類械

鬥，起因於狹隘村社組織的地區觀念，所形成開墾地和水源使用權的問題。族群與分類械鬥的結果，不僅是族群的紛爭，最後其鄉里或姓氏不同者也都捲入，其為私利而鬥的不和情況相當嚴重，族群與分類械鬥之餘弊不止關係於私鬥，甚至於造成大規模的「叛亂」，形成有起於族群與分類械鬥而成「叛亂」者，有始於「叛亂」而變為族群與分類械鬥者，百餘年來官民之不安於此也。

移民來臺的漳州人、泉州人、潮汕地區的客家人、同安人、安溪人等，大陸祖籍地緣作為社群分類指標，彼此燒殺搶掠。後來之所以形成定著化的現象，主要是地方寺廟信仰和宗教祖先崇拜的轉型，原來每年回大陸祭祖的漢人，開始在臺灣興建祠堂和建立祖產，並以「開臺基祖」作為奉祀對象，這些村廟反而成為融合不同族群的源頭，也促成社會定著化的主要因素。另外，有些村莊為了建守護神廟，形成宗教和信仰的中心，間接有助於安定社會民心和治安。

抗爭事件反映了舊體制國家之所以會發生革命危機，是因為現存結構使得它們不足以因應，它們在現代環境中所面臨的挑戰。清治總督軍務成為地方常設性的疆吏，權限過大和於集中，前期國勢強盛尚可一紙命令指揮調動，中葉以後，八旗軍力衰弱，代之以綠營，復代之以練勇。

事定之後，各省疆吏擁兵自重。清治時期臺灣社會治安不好與抗爭事件的頻傳，所謂「三年一小亂、五年一大亂」，不亦顯示臺灣社會力的受到不當壓制，而與大清政府實施政策之間的矛盾而衍生不斷衝突的社會治安。

對於臺灣教育文化的推動採取書院的全成官辦性質，設有府

縣儒學、書院、義學、社學、土番社學、民學六種。府縣儒學為官立最高學府，是為行政機關，而非學校。先後成立有臺南府儒學等九個，院設於省城府縣及各地，設山長（院長）掌之，為臺灣文運中心，計有臺南海東書院、臺北學海書院和鹿港開平書院等 30 個。

義學亦稱義塾，由官方或鄉紳富戶設立，延聘老師以教育鄉里子弟的貧困者。社學為士子結社敬業樂群之所，土番社學為專門教育原住民的學校。民學係為私立學校，普設民間，加上高拱乾、周鍾瑄、陳夢林、沈茂蔭等儒士文化的影響，凸顯清治時期強調祖籍地緣促進國家認同和文化定位。

從族群關係檢視大清政府結構，其畢竟是以滿人為主，漢人為輔建立的政權。而當時居住在臺灣的，除了原住民族之外，大多還是以漢民族為主體。當時科舉制度在清治臺灣後的第三年就在臺灣實施，與全國進行的方式相一致。

科舉制度是地方人才進入中央官僚體系的重要途徑，對臺灣社會階層的變動產生最大影響。科舉制度是設定了在社會中名望與地位的標準，政府認為知識份子代表的士是四民之首，而商人居末。

科舉功名便成為有能力的人一生努力的方向，而工商企業發展難被視為終身追求的志業。然而，1895 年（光緒 21 年）以前，臺灣所累積的知識與制度，主要還是受到傳統中國大陸的影響。

影響臺灣社會治安定著化的另一項因素，英美資本的不斷進入臺灣市場，尤其在 1860 年（咸豐 10 年），臺灣被迫開港，及對西方開放貿易之後，西方文化也深深影響臺灣家族企業的出現

與形成。雖然臺灣移民社會到了 1860 年代左右已是定著化，是個在地化社會，但是對原住民而言，到了 1889 年（光緒 15 年）的原住民，實際上並不能算是被完全歸化了。

郁永河《裨海紀遊》指出，議者謂佔領臺灣，海外丸泥，不足加中國之廣，裸體之身，不足共守，日費天府而無益，不如徙其人空其地。臺灣土地的開墾與經營，不論是出於自願或非自願，凸顯從海洋移居的面對死亡威脅，即其遭受身心的痛苦，但也為移民臺灣的漢人創造了機會和財富。

這是市場經濟社會下的移民現象，人類為了改善環境而離開，因為有人離開，又替那些沒有離開的人倍加了談判的籌碼，而在新的移居地，人們創造財富或獲取新的貨品而將其運回原鄉，也改善了原有的生活環境。

臺灣社會作為大清國的邊疆，有如化外之地、化外之民，多少也具有了相同的冒險拓荒特質。因為，邊疆代表是一個地理區域，與無人的荒原相連，土地與人口的比率很低，自然資源尚未被開發，提供某些薄於貨財的人比較多的機會，去改善或創造他們的經濟與社會地位。

在某層的義意上，清政府專制君主政權控制著人口向臺灣的流動，以及天然資源並不是那麼豐富，或者是老百姓並不被允許充分開發資源，導致杜納（Frederick J. Turner）所提出「邊疆在美國歷史的意義新史觀」，並不完全存在於當時的邊陲臺灣。清政府是以滿人統治漢人，對臺灣的漢人而言，其情勢亦然。

由於移民性格的強悍，加上時常發生的官逼民反，和族群與分類械鬥事件，即便他們毫無疑問地同族同宗、系出同源，但彼此夙怨相向，不但阻礙政治安定，更影響經濟發展的勞動人力，

及嚴重破壞社會秩序。也因為臺灣移民社會的多樣性與族群特性，引發族群與分類械鬥及盜匪嚴重，鄉里常成立自衛組織，為避免官方的疑慮，大多依附在廟方，而「角頭」（甲頭）就是最小的鄰里區域，每個角頭，都會有一間「角頭廟」。

「角頭」往往是最基層的民防組織，掌管寺廟的地方頭人常被稱為「老大」，擁有仲裁力量。所以，鄉治之外的另一基層治安體系，是凸顯在臺灣早期的「移墾治安」，清政府一方面要防堵大陸人民渡臺，一方面卻允許在臺流民開墾的兩難困境。

檢視當時移民來臺，政府所實施的移墾治安模式，其墾首得到官方的協助與保護，同時，政府也都賦予墾戶治安的權力與義務。墾首對外可以協助防止原住民的作亂，對內則握有維護治安權力。

這「墾首制」的移墾治安的功能儼然已經是形成一種邊陲政府型態警察角色中的重要一項機制，也凸顯了清治臺灣初期消極治理的管理治安方式。墾戶與佃戶的關係有一部分已超出純粹土地租佃的經濟關係，而具有行政和司法的主從關係。

同時，他們也是官府徵稅的汲取對象，無形中仗其官威而維持權勢。例如「金廣福」的大規模經營，促成其勢力越來越大，遂奏請鑄鐵印，做公定戳記，指揮數百隘丁，區處土番。除了一般事務之外，其兵權儼如守備都司游擊。

清治時期政府一禁一弛的渡海禁令政策，不但造成偷渡和賄賂「有禁無阻」的嚴重治安，增加守在汛口的汛兵負擔，更凸顯每當開禁移墾最後必設治，而設治又必促進移墾，透過治安以保障臺灣開發過程的順利，雖然廢除內地人民入臺移墾的禁令要到1875年（光緒元年）才正式廢除，但是在 1860 年代臺灣已逐漸

從早期以聚落為主的移墾社會，發展成為以城鎮為主，具備宗族組織的農業社會型態，人口數增加更促進加速定著化社會形成。

尤其在晚清時期，雖然時間上限始至 1840 年（道光 20 年），以鴉片戰爭的衝擊為臺灣涉外治安的轉折點，由於與西方列強的接觸頻繁，糾紛易起，地方官的業務，遂於傳統已久的刑名、錢穀等以外，增加了因通商與傳教而新起的涉外治安事務，乃至於透過重賞陸師指派其分擔剿捕洋盜的責任。

「消極理臺」政策到了 1860 年代（咸豐年間），由於對外的港口通商，英美等國家的外資與本土商人為主的「行郊」結合，而「行郊」的同業公會組織，其資金來自入會費，有的會所還有房地產，能有大筆租金收入。

甚而有「行郊」可以藉發行債券融資。「行郊」基於熱心公益和照顧自家利益的動機，就在容易發生火災的城鎮設防火瞭望台和消防隊，在港口設置救生船。「行郊」通常都會出錢雇用巡夜負責打更的人，甚至於組織鄉勇民兵，協助政府維護社會治安。

1874 年（同治 13 年），日本出兵圍攻牡丹社，大清政府更感受到涉外性治安的重要地，除了不得不於 1875 年（光緒元年）全面開放大陸人民可以自由移民臺灣之外，並將原本旨在防止民亂的「消極理臺」，調整為防止外患的「積極治臺」，凸顯沈葆楨積極治臺的整頓臺灣防務治安政策，其所推動的「開山撫番」，並不只是因應地方治安而已，也是有助於社會定著化治安。

1884 年（光緒 10 年），法軍開始進攻基隆，1885 年（光緒 11 年），派艦佔領澎湖，促使大清政府加強對臺灣的防務，旋

於閩海地區實施戒嚴，由於臺灣缺乏水師戰船，只能改採以陸師為主的鄉勇策略，主要是分布在塘汛，也就是在隄岸附近駐防武職人員，加重擔任涉外性治安的工作。

檢視從荷西時期、鄭氏東寧政權到清代，海上和水運都是臺灣商業貿易的基礎，故水上治安也一直是社會生活關注的焦點。1885 年（光緒 11 年）9 月，臺灣建省，並任命劉銘傳為首任福建臺灣巡撫，1888 年臺灣與福建正式分治。

1890 年（光緒 16 年），大清政府改派邵友濂接替劉銘傳的職務，其所回復實施的消極保守政策，不但造成工業化政策的中挫，也因為助長武員及班兵跋扈，和其包賭、包娼，還兼營外務事業的破壞治安工作，使吏治腐化導致臺灣警察治安的失靈。

1895 年（光緒 21 年），臺灣被大清政府割讓給日本之後，臺灣的治安與國家發展關係的演變又進入另一個全新時期。日治之初的兒玉、後藤時代，依靠以現代警察為中心的地方行政組織，和舊有保甲制度整備了統治體制。前者作為以警察為中心的政治體制，自上而下地在臺灣殖民社會中紮下根；後者則被改編為相適應的治安機關的基層組織，發揮著它的作用，並被保存下來。

這兩大系統，做為日本統治臺灣殖民地的基幹，形成日本殖民政府以現代警察為中心的地方行政組織，和舊有的保甲制度，整備了另一種全新的治安體系。

## 附錄一：導讀與摘錄注（清）林豪《東瀛紀事》

我在《臺灣政治經濟思想史論叢（卷五）：臺灣治安史略》

的書裡，引用了《諸羅縣志》、《嘉義管內采訪冊》和《東瀛紀事》等地方志的文獻，特別是有關於治安方面資料。其中我發現有許多的地方文字記述，與我臺南老家後壁區有關於治安事件的記載。

我曾將臺灣治安史分成三大階段歷史變遷：第一大階段是指「前現代的臺灣傳統治安年代（-1895）」；第二大階段是指「現代的臺灣軍管治安年代（1895-1987）；第三大階段是指「後現代的臺灣警管年代（1987-迄今）等三個階段。

在第一大階段「前現代的臺灣傳統治安年代（-1895）」又可分為：原住民時期、荷西時期、東寧時期、清治時期等四個時期的治安。荷西時期有「郭懷一事件」；在大清統治臺灣時期則有朱一貴、林爽文、張丙、蔡牽等事件之外，就屬 1862 年（同治元年）所爆發的「戴潮春事件」了。

對於有關「戴潮春事件」的記述，就以林豪所纂寫《東瀛紀事》一書，可說是針對「戴潮春事件」為主題的專著，再加上該事件發生所影響的地區，就在當時清治臺灣時期的臺南府城與嘉義諸羅城等地，特別是也正發生在我老家附近的下茄苳堡安溪寮等地方，讓我研讀起來特別有感。

以下，我根據林豪所撰寫的《東瀛紀事》和有關的著作，特別節選注其中與戴潮春治安事件的議題文字。林豪在《東瀛紀事》〈自序〉提到：他自同治元年（1862 年）7 月，答應住在淡水廳〔淡水〕宗族人的邀請，搭船往東渡海來臺，也預備順路前往南部拜訪朋友；當時正值彰化戴潮春軍聲勢壯大的時候，路道受阻斷，仕紳林占梅奉令興辦團練，他們在艋舺的旅館會面，有如老友相見，於是邀請他到其他竹塹〔新竹〕城內的潛園別墅小

住。沒過多久，這朋友（指林占梅）勝利歸來，囑咐他擔任文書工作；當閒暇的時候，他們常一起談論詩歌，時間很快地過了四年。

在這段期間，林豪曾來回竹塹城到府城〔臺南〕漫遊了幾趟，看到之前遭遇兵火所造成破壞城牆堡壘的蕭條景象，心中感慨良久。他也經常從與當地有名望和鄉居友人的談論，獲悉其受兵火致使流離生活的原因，他即把他的見聞情形雜記下來。後來他又廣泛蒐集資料，實事求證，並查清楚了戴潮春所以作亂的原委了。

於是他仿效趙翼（雲松）先生《武功紀盛》及楊陸榮《三藩紀事》、魏源《聖武紀》的撰書例子，分類編輯，附上評論，完成上下二卷，書名《東瀛記事》，儘管作亂的人已經死了，但還是要予以譴責，讓忠義節烈的事蹟得以流傳下來，不至於被任意更動，使以後徵文考獻的人可以作為參考的依據。

林豪自認不聰敏，自比附寫了草創的討論文字，盼海內博學之士，有幸教導他，就如送給了他豐碩的錢財了。（同治 9 年（1871 年）12 月，鷺江（廈門）林豪。）

清道光 11 年（1831 年），林豪出生於福建金門，卒於民國 7 年（1918 年），享年 87 歲。他出身書香世家，自幼在父祖等宿儒的教導下，未滿 20 歲就考中生員，28 歲中舉人。所以，他在 31 歲，也就是同治元年（1862 年）的 7 月，應族人之邀來臺，並應聘在林占梅的潛園掌理文書工作。爾後，在 1869 年至 1894 年的期間，曾先後三次前往澎湖擔任文石書院山長。

林豪來臺時間，正是從 4 月 7 日起至 5 月 9 日止，戴潮春事件爆發期間之後的兩個月，誠如他在〈自序〉中所說的，他目睹

戴潮春治安之亂的經過和其所造成的災難。他終於 10 年後完成這本《東瀛紀事》一書，分上卷、下卷。每卷再各分九小節。

　　由於我的本文撰寫，是採取從《東瀛紀事》（上、下卷）中的文字，來進行節選注的書寫方式，並不是順依原著的各卷各節，我是比較注重在對於該書有關治安的文字整理與保持流暢。所以，坊間有關《東瀛紀事》的版本，我不再贅述，但是我要特別感謝 2011 年 3 月，國史館臺灣文獻館授權臺灣書房出版伊能嘉矩中文本修訂版《臺灣文化志》（三卷），和 11 月出版顧敏耀《東瀛紀事校注》，上述二書提供了我最佳的校釋本。

　　對於林豪《東瀛紀事》（上卷）〈第一節〉〈戴逆倡亂〉的稱呼「戴逆」，不再沿用慣稱的「戴逆」字眼，則採取「戴潮春」或「戴萬生」的叫法；同時，也是為了可以讓文章的閱讀起來更為通順，這是我在這裡要先做說明的。

　　《東瀛紀事》（上卷）〈第一節〉林豪首先敘述了 18、19 世紀，清康熙（1662-1722 年）、乾隆（1736-1795 年）、咸豐（1851-1861 年），到同治元年（1862 年）戴潮春亂事的時代背景，和當時福建沿海的情勢。林豪指出：

　　臺灣雄峙臺灣海峽的東邊，橫列綿延千餘里，土地肥沃，家家戶戶大多富裕有積蓄，但是民氣卻易浮動難保平靜。康熙 60 年（1721 年）鳳山朱一貴發起亂事，但很快就被誅殺消滅了。乾隆 48 年（1782 年），漳州有嚴煙者偷渡來臺，傳佈天地會邪教，私挾教約一冊，備載入會、過香等事。彰化林爽文、南路莊大田、北路林小文等，轉相糾約，因之作亂。其後亂者有三十餘次，或隨時戡定，或調大軍蕩平。

　　咸豐 3 年（1853 年），大陸內地福建海澄黃得〔德〕美作

亂的雙刀會〔又名小刀會，其會起自南洋，蔓延福建沿海的漳州、石瑪、同安、廈門，故又稱「天地會」〕。在廈門等地的亂事平定後，繼有黃位〔威〕商人的乘船出海，侵擾臺灣淡水廳雞籠頭〔今基隆市〕，不久即轉往居住越南洞海市。同治元年（1862 年），又發生彰化戴潮春作亂的治安事件。

　　林豪繼而敘述戴潮春族人在臺灣彰化的經濟背景與生活情形。林豪首先介紹戴潮春，字萬生，彰化四張犁〔今臺中市北屯區，舊屬彰化縣管轄〕人，原籍福建龍溪縣。戴家人的經濟素來寬裕。父祖輩世任北路軍〔臺南府城以北稱之〕胥吏的文書工作。戴潮春的哥哥戴萬桂，因田租與阿罩霧〔今霧峰〕人士起衝突，於是與張水或外號「五股水」等人招集地方上有錢勢人家組成「八卦會」，彼此立下有事相互支援的盟約。戴潮春恐生變受到連累，實未參預。

　　咸豐 11 年（1861 年）冬天，彰化知縣高廷鏡下鄉視察，戴潮春供出其在莊裡抓拿的無賴游民，而北路軍副將夏汝賢則猜忌其是別有用心，於是向戴潮春索賄沒有結果，遂革除戴潮春在北路軍的文書工作。當時戴萬桂已死，戴潮春既是賦閒在家，於是召集「天地會」夥人，請知縣高廷鏡授予印信，假借團練名義，自備鄉勇三百名隨官軍捕抓盜匪，因而受到官府的倚重。

　　從此以後，戴潮春擴充此「天地會」，各家豪門不敢妄為，所到之處，鄉民百姓無不樂從，甚至要賄賂重金才能取得加入「天地會」。其黨人鄭玉麟（即鄭狗母）、黃丕建、戴彩龍、葉虎鞭輩同謀舉事，轉相招納，南北兩路〔以臺南府城分界〕為非作歹之徒多聚黨以應之。同治元年（1862 年）春天，知縣高廷鏡被免職，新接任的知縣雷以鎮仍倚重戴潮春辦事。當時正值天

地會黨橫行，白晝搶殺，知縣對之無可奈何，就連戴潮春都一時無法有效控制。

林豪感嘆提到戴潮春治安事件的爆發，假使為政者彰化縣知縣夏汝賢不貪汙索賄的話，當不致使基層官吏戴潮春的存心亂事，迫使他暗地裡結會聚眾，官逼民反地的甘願如為朱一貴、林爽文起事，導致百姓生活遭遇到蹂躪踐踏之苦，社會呈現無政府狀態的長達三年之久？

林豪認為，化解戰亂最好的方法就是重視禮俗制度來教化百姓，移風易俗；消滅不法份子的根本方法在於施行仁義政治，這是當政者責無旁貸的事。戴潮春治安事件發生的最根本原因，為什麼會讓人感到怎麼的傷心難過，這也就令人更加肅然想念起，前臺灣縣知縣榮升臺廈道的陳璸，和前淡水同知曹士桂的賢能官吏了。

《東瀛紀事》（上卷）第二節〈賊黨陷彰化縣〉，林豪主要記述戴潮春起事的前後，以及攻陷彰化，官府方面是如何調兵遣將，來緝拿這群會黨造事份子的詳細經過情形。林豪指出：

臺灣道孔昭慈在得知戴潮春起事，其領導會黨滋擾的情勢已經擴展開來，於是在同治元年（1862 年）3 月 9 日，北上到了彰化，緝殺了該地的耆老洪姓總理〔職名〕。令召淡水同知秋日覲。

秋日覲曾擔任彰化知縣，以強勢壓制平息地方豪強，致使這地方豪強都以協助官軍緝捕盜匪自任。而且同知馬慶釗公布緝捕天地會首的賞金。盜賊更加生心恐懼，謀事反抗的決心更加堅定。

先是住在彰化涑東保（堡）四塊厝〔今臺中霧峰區四德里〕

人林日成，綽號戇虎晟，性粗暴，與前厝莊林氏家族人因爭奪水源互相仇殺；知縣秋日覲經多次調停都無法將這問題解決。至是總理林大狗〔林明謙〕保晟帶勇四百，前厝人林天和〔林奠國〕帶勇六百，隨知縣秋日覲剿賊。

17 日，秋日覲偕北路協副將林得成、守備游紹芳帶兵千餘名至烏日莊〔今烏日區〕，會眾依靠地勢角落抵抗。官軍追至大墩〔今臺中公園一帶〕，林日成率兵相向對抗，官兵截斷，退入民間竹圍；會眾環為進攻。

18 日，秋日覲逃出竹圍，為其下所殺。守備郭得陞、把總郭秉衡一起戰死。副將林得成被俘虜的關在林日成家中。當知縣秋日覲出兵的時候，會黨鄭玉麟、黃丕建、戴彩龍、葉虎鞭等於是時糾眾圍彰化縣，當時彰化城中尚有兵三百餘名。臺灣道孔昭慈命胡〔松齡〕都司、呂〔騰蛟〕千總守城，仍屬令總理林大狗在城郊的民兵會同營弁分埤守禦，撥銀千餘元以犒軍。呂不時以散給，軍心稍懈。總理林大狗突然宣稱賊已就撫，孔道信之，各官皆相賀，令守城者歸家休息。王萬既帶勇乘城，遂與衙役陳在、何有章等與賊通，為內應。

20 日，開門引迎戴潮春入城，自稱大元帥，以戴彩龍為二路副元帥，鄭玉麟為大將軍，臺灣道孔昭慈遣派林日成時，幕友汪季銘力諫不聽。及被圍仰藥死。前任副將夏汝賢受辱憤死。同知馬慶釗、高廷鏡與雷以鎮不久被釋回鹿港。守備游紹芳、呂千總亦脫回鹿港。

林日成先與洪欉、何守等密謀同抓拿戴潮春，故猶羈留北協林得成於家，為反正計。時戴潮春屢次要送黃馬褂、令、印給林日成，引誘他協助舉事，而林得成屢勸他殺戴潮春立功。林得成

知不可回，伏劍死。林日成反謀意愈決。遂自稱大元帥，與戴潮春俱稱千歲。時各處皆殺分駐所官兵以響應戴潮春部隊。諸如：小埔心、茄投、永靖、清水、豐原、西螺、斗六、民雄、竹崎、水上、後壁新港東、八掌溪附近，以及鳳山、佳里等南北二路的會眾加入戴潮春部隊。戴潮春入城，陸路提督李得志被抓，一家男女與數百匪徒被焚死。

夏4月，戴潮春部隊攻阿罩霧（今霧峰）前厝莊。先是後厝人林和尚仇害前厝人，而林日成亦後厝人，與前厝連年械鬥。戴潮春嘗與前厝人爭田，因會眾變弱為強，以保家業。至是林日成與戴潮春糾眾攻前厝人林天和、林文明，羅冠英起兵來援，戴潮春等不得志而還。戴潮春為首其下皆烏合之眾，而林日成宗族強盛，戴潮春內心懼怕他們。

5月，林日成入彰化城，與戴潮春因事不合，戴潮春不得已讓出彰化城。林日成遂踞邑治，拆民居以蓋帥府。使其黨四出勒派，或薄有田產而無現錢可捐者，林日成立使書契，令有錢者出貲承買，以飽其欲。不從，立刻殺之。民傾家蕩產及全家被戮者無算。戴潮春回到彰化城北的四張犁，稱東王，不久到南投、草屯、田中、竹山、埔里等地支援。總兵曾玉明先致書戴潮春，勸其殺林日成立功；同樣方式的信也給林日成勸其殺戴潮春。戴潮春、林日成相互看了信，知其意在反間。

10月，戴潮春以陳梓生守四張犁老巢，而率其妻子竄踞斗六門。次年春，林日成攻大甲而敗，亦遁歸四塊厝，將彰化城交付江有仁等，不再回到城裡了。

林豪針對這段經過的評論：

彰化城之亂，雖曰天意，要亦人謀之不臧也。致使以林日成

與同知秋日觀關係不佳的人，其乃使之帶兵以從，欲其立刻忘記宿怨，想與林天和協力立功也困難了。又何況官軍並出，彰化城空虛，未嘗慮及，此則一時輕舉之失也。至於戴潮春會黨蓄謀已久，所謂急之則發速而禍小，緩之則發遲而禍大，正未可以完全怪罪於同知秋日觀啊。由是言之，以末嘗經事的書呆子，而倉促因應地方的治安事件，把事情搞壞也是理所當然了。世上有庸劣之流，胸無一策，貽誤蒼生，至於自身遭禍，求生不能，乃以一死來填塞責任的人，正不可以因其死事是小，而寬容其耽誤國政的罪責啊！

《東瀛紀事》（上卷）第三節〈郡治籌防始末〉，林豪記述戴潮春起事的時候，當時的臺南府城是如何開始來籌備防禦的工事，和最後臺南知府洪毓琛鞠躬盡瘁的經過情形。林豪指出：

同治元年（1862 年）3 月，傳來戴潮春起事的彰化失陷消息，當時臺南知府洪毓琛已榮升湖北漢黃德道，交卸知府印信。有人勸他儘速前去就任新職，洪毓琛說他受朝廷厚恩，民情愛戴，一旦有變，委而去之，於心何安！於是整修城牆，準備器械，抽取釐金，勸人捐款，調選兵勇，以備戰守。

洪毓琛歷任臺灣要職，素有聲望，民稱「洪菩薩」。不久，紳民幾經懇留洪毓琛，上奏朝廷調升臺澎道。當時戴潮春的聲勢猖獗，情勢緊張，告急的軍事文書接踵而來，都是提出請兵請餉的需求，真是多得日不暇給。洪毓琛多能因應穩住，顧全大局，深獲民心的倚重。

23 日，設立驛站之間的中途站，探報軍情。時臺南府城北處處皆是戴潮春部眾，截搶文報，派往胥役，間被殺害，僅據細字印函潛通消息。設籌防局於郡垣，籌借洋商十五萬兩，於關稅

項下抵還，各營始有餉可給。時記名總兵曾玉明軍抵鹿港，掛印總兵林向榮全師北上，洪毓琛內顧守城，并籌備糧餉及器械鉛藥，由陸路接濟林向榮，指使知府陳鍔、同知凌定國、縣丞姚潼、王建勳由水道接濟曾玉明。又核准就鹿港郊商設法匯兌。又函飭鹿港鹽館，將鹽價盡數提付曾玉明。其竭力維持，不分畛域，皆為此工作奔波不已。

5 月，地大震，府城郡牆倒坍百數十丈。洪毓琛會同署城守參將石渠及在城紳士舉人黃景祺等出資重修。洪毓琛率署知府馬樞輝、署臺防同知秦煦、署知縣章觀文、候補同知圖塔本、通判王恆修、蕭澈、王衢晝夜巡防。飭委佐雜官十六員分門防守，稽查出入。獲奸細李刉〔殺〕狗、羅海洋，誅之。近府城的蕭壠莊〔今臺南佳里區〕復有陳蓋、楊毛、戴分、黃文滔等豎起旗來響應戴潮春的部眾，洪毓琛用計予以逮捕。

6 月，遊擊陳鷹飛以兵六百名至，遂出駐府城外。時府城兵力單薄，奸民蠢蠢欲動，儘管人心稍安。但戰事拖延卻無戰功，不久陳鷹飛調赴吳帥軍前差遣。洪毓琛以嘉義為臺南府城的屏蔽，斗六又為嘉義藩籬，故催林向榮進軍以規劃收復彰化城。

9 月，總兵林向榮至斗六，被圍，告急文書突然傳到；洪毓琛屢派員運餉，俱不能送達。未幾，打敗仗的消息陸續傳來，遠近大為震驚。乃委署府經王仲汶內渡請援。諭令城內挨家抽徵壯丁，造冊查點，無事各安生業，有警協同登上城牆。派兵每日出哨一次，於離城較近的南、北、東三路探有戴潮春部眾的行蹤，即前往圍捕。人心稍定。

12 月，署福建水師提督吳鴻源統領軍隊抵達臺南府城。洪毓琛以客兵道路生疏，須用本地人為嚮導，添調精兵屯勇千餘名

隨軍前往。洪毓琛屢飛書內地請餉，巡撫徐宗幹准其就地勸捐。時兵荒之際，富戶避匿，乃激勵勸募官員及其幕賓，分上、中、下三等，籌捐十餘萬金，不夠支用；不得已暫時權用銀票，通行府城，以濟眉急。並且賣出平時的服用玩器，還命令下屬換錢以贍助軍需。當時洪毓琛已積勞成疾，又以戴潮春亂事未平，兵餉支絀，悲憤增劇。每與僚屬議籌時務，未嘗不聲淚俱下。將死的時刻還倚靠著枕頭，勉強使力寫信給屬僚，前後數十紙，皆交代有關剿滅賊軍的事情。

同治2年（1863年）6月，按察使司銜分巡臺澎兵備道兼提督學政洪毓琛卒於任。洪毓琛涖臺數載，廉潔愛民，民喪之如失慈母。巡撫徐宗幹奏請從優議卹，贈太常寺卿，蔭一子入監讀書。鄉宦左贊善〔官職名〕趙新、主事施瓊芳等僉呈，以洪毓琛毀家紓難，保障全臺，請援已故江甯布政使王夢齡、南河河營參將蔡天祿之例，於城內建專祠，查取在官事蹟，宣付史館立傳，並請飭下閩省督撫，轉飭道府各官，將該故員靈柩照料回籍各情，都察院左都御史宗室靈桂據情代奏。奉旨該部議奏。

林豪針對這段經過的評論：

洪毓琛謙謙君子，有如人民的父母，帶兵打戰似乎不是他的擅長，然而處境艱難的困頓之下，他在前方全力協同作戰，保全府城，力持危局，所謂以死勤事者，大概就是這樣子的人了！鄉里中曾作過左贊善官職的趙新謂其保障全臺灣，的確是實情啊。又那豈是草草一死，有如同雨水容易從屋瓦上的下注，以貽禍害無窮的人，可用來一起相提並論的？

《東瀛紀事》（上卷）第四節〈鹿港防剿始末〉，林豪記述戴潮春起事，關係居住在鹿港地區漳州與泉州人的經濟利益爭

奪，和引發族群與分類械鬥的問題，以及清政府在面臨這些攸關治安議題的時候，是採取怎樣的作為，以善盡政府責任的來保護人民生命財產的安全。

林豪指出：

彰化既落入戴潮春軍的手中，鹿港就處在離它最近的地方，因此人民對此危險的情勢感到恐懼。當時的股首都是來自漳州的人事，只有葉虎鞭、林大用是泉州人參預其中。漳州人的藉勢欺凌泉州人，葉虎鞭對這久積仇怨不能平息。戴潮春派遣葉虎鞭攻打鹿港，葉虎鞭回應：鹿港是泉州人生養聚財的地區，攻打的話就是看不起泉州人了。戴潮春大怒，葉虎鞭負氣而出，退著對黃丕建說，以我們二人當日訂約，將聯合這二股勢力，不相互的侵犯；今城中漳州人的進出不用查問，唯獨泉州人的搬徙皆遭劫殺，且約中無禁濫殺，而陸路提督的標兵都是泉州人，仍無一免除；恐他日兄弟之約不堅守，將又回復成為漳州人與泉州人的分類械鬥。

話說先是葉虎鞭與黃丕建結為生死交，同謀舉事，以為事成同享其利，不成則同獻戴潮春的首級來向官府邀功，是以協力攻陷了城池，同迎戴潮春。及戴潮春入城，權勢日盛，但黃丕建扮演的也只是効勞奔走而已，心裡感到不快樂。於是黃丕建將葉虎鞭的情事告訴了戴潮春。戴潮春於是下令止殺，限三日內聽民搬遷，葉虎鞭率其黨巡警北門，以保護許多泉州人的安全出城。改命林大用為鎮北大將軍，領令攻佔鹿港，民皆鼓吹香案，迎接入街。

時鹿港民心無主，多搬家眷於舟中，只有舟港口可以避難。倉卒避難，殷戶爭迎股首以護其家。有欲請陳弄者，弄索重賄，

眾議未決，而陳弄已到，聞演砲聲，以為眾拒之也，大怒。先是殷戶黃季忠聞彰邑不守，緊急出錢雇用人力，清濬溝渠，為守禦計〔鹿港無城，故深溝為守〕，遂率眾拒守。陳弄屢攻不下。黃季忠約束宗族人，有通賊者，輒擒捕治罪。時文武多藏匿，惟水師遊擊江國珍督兵拒守汛地，列砲以待；署中安設火藥，為自焚計，戴軍不敢迫近。

同治元年（1862 年）5 月，總兵曾玉明以兵六百抵達鹿港。曾玉明前任北路協，戴潮春曾經在其麾下擔任文書的工作，也曾為前厝草湖與後厝阿罩霧之間的械鬥，進行和解的情事。曾玉明希望等到戴潮春、林日成二位的前來投降，不需要透過戰爭來平息亂事。因怠惰軍士官兵安坐鹿港，採輕視心態，屢次招降，都沒有回報。當時鹿港雖抵禦戴軍，但二十四莊猶被戴軍所威脅，而戴潮春在聽到三家村生員陳宗文與官軍暗通款曲，大怒。

6 月，戴潮春遣派戴彩龍、鄭玉麟、李炎，及自己姪子如璧率軍數百，到莊中威脅。莊中欲收取五百金為賄。戴軍語出惡言，脅迫陳宗文的妻子出來倒酒。由是莊民公憤，密議拒賊。時陰雨連日，賊僵立雨中，道路泥濘，無復部伍。適至加冬腳（今彰化縣花壇鄉街區），於是白沙坑中莊（今彰化縣花壇鄉白沙、中莊村）泉民共起截拿，擒斬彩龍、如璧、玉麟、李炎等二百餘級。自此戴軍痛恨二十四莊入骨，無日不率黨羽來攻打了。

同治 2 年（1863 年）春正月，以曾玉明署臺灣掛印總兵官。曾玉明以陸提遊擊蘇長安為中軍，坐守鹿港，廣行捐派。仍令遊擊游紹芳、都司胡松齡及呂千總等帶兵坐防，然屢經挫失。

3 月，記名總兵北路協副將曾元福以臺勇千名抵鹿港。時稱曾玉明為大曾、曾元福為小曾以別之。

　　4 月，曾元福屯兵白沙坑山頂。兵備道洪毓琛使用民宅旁防禦建築的銃樓（銃櫃）死拒，密插莿竹，兵力難施，須大砲轟擊，方可得手，遂請總督覺羅耆齡（滿州正黃旗人）調派紅單艇船載砲助剿。

　　5 月，粵省遊擊蕭瑞芳、守備陳啟祥配坐艇船抵鹿港，運大砲數十尊轟擊戴軍。

　　7 月，曾元福撤回鹿港，旋接署水師提督，乃由海道繞途至嘉義接印。

　　9 月，官軍乘夜繞過北門口（彰化市信義里），攻中寮十二張犁（彰化縣和美里），官軍失利而還。

　　10 月，以陸路提督林文察（霧峰林家）總辦臺灣軍務，由泉州揚帆，抵嘉義麥寮登岸。不久返回阿罩霧前厝莊里第，而令催曾玉明、曾元福等軍訂下平定戴軍的時間表。

　　林豪針對這段經過的評論：

　　臺灣大勢，海口多住泉州人，內山多住漳州人，再入內地與生番（原住民）交接處則住廣東人。泉人倡亂，則漳屬起而攻泉；漳人倡亂，則泉屬起而拒漳，粵之於泉、漳也亦是如此。起因於泉人、漳人與粵人的閩客平素不相合作，往往分類械鬥，這是地理環境造成的結果。

　　彰化、斗六有城可守，而臺灣道孔昭慈、林鎮的很快戰敗，由於是無心防守的作為所致。鹿港無城，曾玉明防守不用擔憂，原因是鹿港商船聚集，抽其貨稅可以集餉，抽調各戶民兵，民若有官可倚靠，就會團結起來抗拒敵軍了。嗟乎！孔昭慈既輕於一擲自取敗亡，而曾玉明繼之又安坐數月不敢出鹿港一步，坐令戴軍勢力蔓延，幾於不可收拾，真是令人感嘆！

　　《東瀛紀事》（上卷）第五節〈北路防剿始末〉，林豪記述
戴潮春起事，對於居住從今臺中到基隆的新竹地區人民的生命財
產問題，以及清政府在面臨這些攸關治安議題的時候，是採取怎
樣的作為？林豪指出：

　　同治元年（1862 年）2 月，總辦臺北〔今臺中到基隆之間〕
團練鹽運使銜浙江補用道林占梅（雪村，竹塹人）設保安總局於
淡水廳治。先是林占梅偵查出戴潮春秘密結會，知道這事情一定
會發生，於是傳集紳商，設局團練，為先事預防計，同知秋日觀
認為只要官府彈壓即可，不必如此勞師動眾。等到秋日觀奉令南
下，林占梅遂出錢準備器械，積鉛藥，修城濠，募勇士，以生員
鄭秉經、貢生陳緝熙、職員翁林萃等人負責這些事，聯絡鄉民，
訓練鄉勇。遣派勇首蔡宇來總領練練鄉勇，防守城外要害，以備
非常。剛安排部署妥當，就傳來戴軍啟示的消息。

　　當時奸民多與戴軍勾結，情勢隨時發。城內外居民搬徙不
定，各紳商都請聚財來賄絡戴軍，以延緩戴軍的進來，或請出城
避開戴軍。林占梅說：「淡水在戴軍的勢力範圍，行賄絡後怎能
保證戴軍一定不會來？不如將所賄絡的錢拿來當戰備的費用。我
們能去的地方，戴軍也是能去，這樣能走到哪裡去呢？現在我與
各位約定：我願提供所有錢財來做為軍餉，共同圖謀殲滅戴軍，
如幸運獲得成功，論功行賞全部歸各位所有；倘若戴軍圍城，我
將死守，不能守，我則以死殉！假若今日是層級高的戴軍來而賄
絡，明日高層級的元帥千歲也陸續來，仍加倍索賄。然而，這時
內地〔指清時期的大陸〕派來支援的官士兵剛好來到，復興師問
罪賄絡戴軍的人，此時搞得家破身亡，死為不忠、不孝之鬼，為
什麼會採取這種計謀啊！」眾皆曰：「是」。

於是共推候補通判張世英暫且代理淡水同知，遣派竹塹〔今新竹〕巡檢到城裡找秋日觀家屬索取印信，以授給張世英，並且快信稟告徐撫軍〔宗幹〕請示進止。遂率眾至城隍廟，誓同心抗拒戴軍。每日親率精勇，彈壓城廂內外，抓拿奸細，禁遷徙，止搶掠，以安地方。遂遣兵克復大甲土城，使張世英進軍駐紮翁仔社。自率親勇巡視淡南〔指今新竹以南到臺中大甲之間〕，以為聲援。不久奉福建巡撫徐宗幹命令，同意藩司〔布政使〕頒給總辦臺北軍務的印章，通令沿海文武，一體遵行。當時北門外蘇、黃二姓械鬥，人心情緒浮動，林占梅帶鄉勇彈壓，活抓了帶頭的人，尤其那些為非作亂的分子，就移送官府重重的懲罰，械鬥乃解。

4 月，淡水新莊街有奸民楊貢準備計謀作亂，艋舺縣丞郭志煒抓到楊貢把他給殺了。以候補道區天民督辦北路軍務，飭令就地捐輸為軍費。淡水舉人陳維英倡議捐款千金，與紳士鄭如梁等集資接濟。區天民遣派候補遊擊陳捷元帶著鄉勇四百名赴前線協助剿滅戴軍，而區天民駐紮竹塹負責督導。

同治 2 年（1863 年）春，鄉勇首領蔡宇克復牛罵頭（今清水）、梧棲等駐地。梧棲海口為戴軍接濟洋煙鉛藥之所，而泉人何守為股首，潛通聲息，故城外泉莊皆遭殘毀，惟梧棲港、牛罵頭生意獲利數倍。林占梅以梧棲一處尤為平定戴軍的險要地方，於是多方使用金錢徵求內應，招該地商家楊至器隨從官軍抗拒戴軍。

2 月 4 日，蔡宇進攻梧棲街，戴軍的鎮港將軍陳在屯街尾拒戰，擊走之。6 日，在糾眾來爭，蔡宇、楊至器當先奮擊，紳士楊清珠從間道夾攻，大破之。蔡宇於是以降將林尚為嚮導，進屯

三塊厝山腳莊〔今臺中市龍井區一帶〕。當時通判張世英駐紫翁仔社，亦乘勝南下，首尾相應，致使戴軍勢力逐漸衰微了。

　　林豪針對這段經過的評論指出：

　　按平定戴潮春之亂，戰績並沒有特別值得讚賞的地方。因為戴軍都只是如地下老鼠和城牆角落狐狸的腦力，與軍紀渙散的烏合群眾，胡亂作戲了三年，只能拿來作為一笑。若得近來的強勁軍旅，如楚勇千餘，迅掃一月，平息戴軍的亂事又何困難？雖然，制敵的方法，在好謀不在好戰，行軍之要，有勝將必無勝兵；是以貴勇而賤謀者，君子無不贊同。如彰化一役，林占梅處心積慮，籌備多時，而收功一旦；或許好謀而成，而不同於輕率派兵出戰。而且，加上這其中義民烈士，草莽效忠，查考以前的歷史記載，實未多見；於是把這事情的始末記錄下來，等以後撰寫地方志的人可以選擇參考。

　　《東瀛紀事》（上卷）第六節〈大甲城守〉，林豪記述戴潮春起事，對於保護大甲地區人民的生命財產問題，為什麼比起嘉義來在防守上有五大困難，官府如何運用竹塹總局林占梅派遣鄉勇的來達成抗拒戴軍侵犯？林豪指出：

　　同治元年（1862年）3月，大甲人王和尚聞秋日觀失利，於是日假藉戴軍的命令，與陳再添、莊柳竄入大甲，住在支持戴軍民眾王九螺的家裡，勒索指派商家，誘脅良民，計畫攻打竹塹。守備洪先達、巡檢吳良全都遁逃。其等人的身分地位相當，於是請戴軍派遣一頭目來領導。戴軍派遣蔣馬泉至大甲，百姓皆具香案迎接，而戴軍的部眾隨後爭相奪取桌上食物。王、陳大姓倚賴戴軍聲勢欺壓良民，民皆厭苦之，陰謀拒賊，但懼怕王九螺的協助戴軍，相互觀望不敢發動。當時屢次傳來官軍即將來到，王和

尚藉著大安溪水險絕，必難飛越渡溪。蔣馬泉信之，不規劃防守的動作，有天收到民間詞訟，仍升堂作判決。

5 月，竹塹總局林占梅遣勇首蔡宇帶勇四百名，同歲貢生陳緝熙赴大甲。時值端午，東門小姓欲開城門通貿易，王、陳大姓持不可，相攻殺。剛好練勇突然來到，合力擊退作亂的群眾，遂收復大甲。陳緝熙以王和尚、陳再添都是平日熟悉的人，可以招之即來。但王和尚察覺官軍人數不多，並不聽從。

13 日，代理淡水同知張世英率千總曾捷步、把總周長桂、林盛、武生賴志達、義首〔指在民變中親附官方的民眾首領〕羅冠英、林傳生赴大甲。是日，練勇出城拒戰，擒斬股匪戴瑞必，賊大肆淫掠，各莊望風而靡，惟大安莊〔今臺中市大安區〕黃教率宗族拒之，賊稍斂跡。時軍餉浩繁，總理林應設撫安局辦理經費，而竹塹總局仍不時接濟。援軍出城擊走戴軍。

11 月 10 日，戴軍復犯大甲。17 日，竹塹林占梅派千總曾捷步帶兵勇鉛藥至大甲。18 日，戴軍分三路圍城。

12 月 1 日，鄭榮帶兵五百，攻松仔腳的戴營，自是日日血戰。幸番勇同心防守，巡警嚴密，眾皆倚之。11 日，竹塹總局派勇運赴鉛藥，至中途遇戴軍，擊退之。13 日，羅冠英、廖廷鳳、廖江峰帶生番鄉勇千餘名，一路由大甲溪，一路由六分崎，繞大甲東以援大甲。14 日，大霧，莊丁列陣於城外，冠英合隊進剿，追戴軍至南埔，擊斃戴軍無算，西南近溪賊營一律肅清。廖江峰打敗戴軍於溪州，毀其老營。於是三保義首吳送、船頭埔李清芬、大安李求各帶莊丁，四出搜索戴軍，戴軍全數遁逃過溪，大甲圍解。戴軍逃遁已無復北意，而戴軍丞相莊天賜議先取大甲，次陷嘉義，二城既得，然後長驅侵犯郡城，慧虎晟〔林日

成〕從之。

同治二年（1863 年）正月，復聚合其精銳，北犯大甲。8 日，淡水同知鄭元杰在大甲聽到戴軍要來攻打的消息，趁著夜晚逃回淡水廳治。13 日，候補同知王楨率義首林盛、陳瓶至磁磘莊〔今臺中市外埔區〕，蠻虎晟糾眾趕到，王楨奪路先脫，戴軍燒燬民居，煙焰蔽天，蠻虎晟據磁磘莊，穿黃馬褂，張黃羅蓋，督眾填平水道。連日分股攻城。18 日，蠻虎晟登鐵砧山〔今臺中市大甲區〕，進犯社尾莊，兵勇力拒之，蠻虎晟竄回其老家四塊厝〔棟東下堡〕，不敢再進窺大甲了。

林豪針對這段經過的評論指出：

嘉義、大甲，為南北扼要之區。嘉義不守，則戴軍可以長驅進犯郡垣。大甲不守，則往北一帶皆為戴軍所有。是兩地安危，都與全臺灣的利害有關。但大甲部屬兵力之強同於嘉義，而防守的困難有比這嚴重的嗎？嘉義城堅而峻，大甲城低而狹，僅一土堡而已；一難也。嘉義民多而眾協，大甲居民稀少，且大姓多與戴軍互通，人心不一；二難也。嘉義民多殷實，抽稅以為餉，抽市人以為兵，已堪禦敵，而大甲土城中，家少千金之產，民少隔宿之糧，經費容易缺乏；三難也。嘉義城中隨在有井可汲，而大甲地本堅硬貧瘠，數十丈無水，居民皆汲溪水為炊，水源一斷，則民心自亂；四難也。嘉義戍兵千計，多內地上游之人，若城一破，無處逃匿，不得不同心固守，而大甲汛兵不過百餘，臨時所顧之勇，費多而難恃；五難也。

嗟乎！嘉義本是諸羅舊城，之前城民協助官軍平定林爽文事變（1786-1788）的忠義表現，乾隆皇帝賜名「嘉義」。而臺灣自 1784 年設臺灣府至今，奸民屢次蠢動，淡水一隅，惟有率眾

固守，每全城以待援軍，無敢為禍首者。而此次大甲翁仔社等軍，既已百計嚴防，不遺餘力，最後還是依賴竹塹〔今新竹〕總局林占梅的這支鄉勇，越境進剿，用兵不到十天的很快就收復大甲土堡，功亦偉矣；乃未受到朝廷的褒獎，難道還在等待什麼嗎？

　　《東瀛紀事》（上卷）第七節〈嘉義城守〉，林豪記述戴潮春起事，危害嘉義地區的社會治安問題。（參閱拙作《臺南府城文化記述》〈店仔口吳志高與白水溪教案事件〉。林豪指出：

　　同治元年（1862年）3月，總兵林向榮聞變，遣安平協副將王國忠（嘉義人）、遊擊顏常春（福建龍溪人）赴嘉義。常春帶番勇百餘名，至柳仔林〔今嘉義縣水上鄉柳鄉村〕，遇戴軍股首黃豬羔伏中途邀截，且戰且行，28日，達嘉義城，與國忠所帶水師五十名，倉卒備城守。日暮，黃豬羔糾黨攻城，冒死攀城牆上的齒狀矮牆，守者擲以瓦石，不動，燃火藥擲之，始驚潰。兵勇開門逐黃豬羔軍，黃豬羔軍乘勢搶掠而逃遁。先是百姓誤傳黃豬羔軍不害良民，及見黃豬羔軍肆焚掠，乃大懼戒嚴。

　　4月，黃豬羔復糾埤堵〔今嘉義市湖內里〕羅豬羔、湖仔內〔今嘉義市湖內里〕羅昌、柳仔林黃萬基、黃大懋等戴軍，引戴彩龍（即戴雲從）、陳弄、嚴辦等來犯。三莊〔指柳仔林、埤堵、湖仔內〕為附縣要隘〔要塞〕，臺灣每滋事，嘉義必遭圍困者，皆由三莊附從戴軍，南北聲息不通故也。於是紳士王朝輔、陳熙年等同至城隍廟〔位今嘉義市東區〕，誓同心抗拒戴軍。時戴軍鋒甚熾，城中餉饋斷絕，殷戶許山（名安邦）傾家貲以給軍，復編籍城中貧民，每日按給錢米，始終不懈。

　　7日，掛印總兵林向榮統兵三千發郡城，以都司陳寶三為總

帶，同知竇長敬辦理糧臺。9 日，軍次枋埤〔今臺南市後壁區崁頂里〕，立五大營相犄角；賊據南靖厝〔今嘉義縣水上鄉〕、後寮仔〔今臺南市後壁區〕相持，以八掌溪為界。戴彩龍糾陳弄、嚴辦、黃豬羔、賴阿矮、王新婦、黃房、黃山虎等，悉眾數萬來犯。時霖雨溪漲，餉項俱屯鹽水港〔今臺南市鹽水區〕。28 日，戴軍據白沙墩〔今臺南市後壁區新嘉里〕，斷我糧道。翌日，官兵出營逐之。義首林有才火藥垂罄，向澎湖兵借用不許。已而戴軍由後包抄，澎軍腹背受敵，守備蔡守邦、署把總李連陞、外委周得榮被迫落水死。自是青寮〔今臺南市後壁區〕、後壁寮〔今臺南市後壁區〕皆附從戴軍，而糧道為所斷矣。戴軍輕視官軍，有溪〔八掌溪〕南戴軍頭目執旗當先，二賊以藤牌鳥槍翼之，直犯林有才營。林有才戒營中伏不動，待其迫近，忽砲響一聲，三賊具中砲倒地，餘賊皆奪氣，諸軍乘之。忽大雨，乃罷。

5 月，兵備道洪毓琛派千總龔朝俊帶屯番五百名、從九品陸晉帶勇二百名護餉來援。陸晉令鄉勇分帶餉銀於身上，眾盡生有異心。5 日，至安溪寮〔今臺南市後壁區頂安里、長安里、福安里〕，遇戴軍突襲，陸晉為其下所殺。龔朝俊且戰且行，聚眾紮營於安溪寮。7 日，戴軍乘勝攻大營，官軍大潰，軍裝盡失，澎湖把總周允魁戰死。龔朝俊分軍應援，遇林鎮〔向榮〕於荒野，僅有二卒，乃相與退守安溪寮。9 日，移駐鹽水港〔今臺南市鹽水區〕，收合潰眾。洪毓琛趕造軍械，源源接濟。林向榮堂弟千總林向日在廈門原籍募親兵五百名到臺，兵勢復振。於是股首柳仔林黃豬羔、店仔口〔今臺南市白河區〕吳牆〔吳志高〕俱請降。時嘉義被圍日久，林向榮選精銳八百名，以林有才、王飛琥

為前鋒，分遣署守備龔朝俊、把總竇長泰、外委柯必從、勇首李志揚、李成龍、屯番把總段得壽、屯番外委劉尊賢等分道赴援。

6 月 8 日、轉戰至嘉義城下，擊破戴軍，陣擒戴軍股首王新婦、黃房等，戴軍營皆潰，嘉義圍解。林向榮駐師嘉義，欲就地捐派，聲息傳到臺南府城。

7 月，洪毓琛催促林向榮進軍斗六門，林向榮不得已率副將王國忠等深入戴軍陣地，為戴軍所圍。

9 月，斗六不守。洪毓琛派遣候補未入流姚潼招募六堆一帶客籍鄉勇五百名，添調屯丁五百名馳赴嘉義，與署知縣白鸞卿、參將湯得陞合力守禦。時戴軍議謀攻打嘉義，戴軍軍師劉仔屘對戴潮春說：「斗六既陷，各處破膽，若率領大軍威勝南下，臺南郡城必望風瓦解。郡城既得，嘉義城不攻自破。今以全力攻這一小城，嘉義城堅而眾協，急切未易下也。」戴潮春不聽。

於是戴軍投降的黃豬羔復叛，糾陳弄、嚴辦、呂仔梓、廖有譽、廖談、洪花等復圍嘉義。北路戴軍何守、陳鯤皆率眾助攻，毀拆民居，環築土圍，數十步立一砲臺，高與城樓等，以瞰城中虛實。嚴辦、廖談、洪花等妻妾皆立陣前督戰。城內紳士王朝輔、歲貢陳熙年、總理蔡鵬飛等設「聯義局」，抽市釐，派民兵，輪流守城，無日不戰，至明〔同治 2 年（1863）〕2 月，等吳鴻源提督率軍來援，始解，被圍困又過了六個月了。

10 月 21 日，嚴辦糾集向朝江（又名向趣，即劫殺陸晉者）、貓順等攻鹽水港，義首李丙寅、李志鏞拒之，附近之麻豆莊義首李成龍、李朝魁、查畝營舉人劉達元亦遣勇助戰。向朝江中鐵鈀，順破腹，俱死。擒斬戴軍張有成等六名。戴軍死傷甚多。時戴軍陳弄、黃丕建屢攻塗庫〔今雲林縣土庫鎮〕，為陳澄

清所敗。自是不敢再進窺府城，擔心被鹽水港與土庫兩地的戴軍截斷後路。

12 月，署水師提督撲勇巴圖魯吳鴻源統兵三千抵郡城。

同治 2 年（1863 年）正月 10 日，吳鴻源進軍鹽水港，號令嚴肅。洪毓琛飭令鎮中遊擊洪金陞、左營遊擊葉得茂選兵四百名，同知張啟煌、鹽大使秦恩培募勇一千為前導。時鹿仔草〔今嘉義縣鹿草鄉〕陳姓人士向軍中隨員陳策明納款，願為嚮導，陳策明信之。15 日夜晚，率州同銜施廷仁、守備徐榮生帶兵千餘，由鹿仔草逕進，以葉得茂為前鋒。路過梅影厝〔今嘉義縣太保市〕，而埔心〔今嘉義縣太保市梅埔里〕、南靖厝後寮〔今嘉義縣水上鄉〕的戴軍由後包抄，大崙、二重溝〔今嘉義縣水上鄉大崙村〕的戴軍紛紛起來響應。葉得茂與千總林茂生（金門人）陷陣戰死。把總吳禎祥與徐榮生據險橫擊，歛軍徐退。時將士多染疾疫，總理柯得安認為臺灣道孔昭慈、臺灣鎮林向榮的兩次敗亡，死難者眾，請設祭以慰忠魂，從之。遂擇日於校場致祭，吳鴻源親自前來哀悼祭奠，哀動三軍。於是沿途捕斬戴黨，派海壇遊擊吳邦基、金門遊擊李懋德（俱同安人）扼守後壁寮〔今臺南市後壁區〕。

2 月 12 日，攻破上樹頭〔今嘉義縣水上鄉三鎮村〕村莊，進攻馬稠仔後〔今嘉義縣鹿草鄉豐稠村〕村莊，殺戴軍八十餘。吳鴻源移軍下加冬〔今臺南市後壁區嘉苳里〕，密飭吳邦基就軍中虛立旗幟為疑兵，遣洪金陞分駐白沙墩〔今臺南市後壁區〕，通判楊興邦、張啟煌前至永堀頭，以壯犄角。令店仔口〔今臺南市白河區〕降將吳志高（即吳仔牆）為鄉導，親統遊擊周逢時、守備蘇吉良諸軍進發。令金廈精兵攻後寮仔，毀之，逮捕戴軍先

鋒十八名。是時戴黨王祿拔、臭頭缽據守馬稠後莊，與官軍相持，遏其救城之路，飛書赴陳弄告急。有擔任林向榮文書的陳吉生（嘉義大腳殿人），被陳弄所抓，掌其書記，至是暗中囑咐降兵蔡某詐報彰化已失，陳弄大懼，欲遁。乃分其黨援王祿拔，而指使陳吉生覆信，令王祿拔堅守，約三更救兵必至。陳吉生私改云：「彰化已失，令各營三更盡撤」。戴軍接信，皆狼狽撤回。是夜，提督吳鴻源督吳志高諸軍由店仔口直抵城下，城中開門夾擊，戴軍縱火遁去。戴潮春的叔叔戴老見率降番二百餘名接戰，番勇見戴軍聲勢已潰敗，抓了戴老見來歸，誅之，圍乃解。

自上年九月戴以全力圍困嘉義，許山家貲既匱，繼以所蓄桂圓按口分給，民多掘草根煮敗革為食，許山之媳何氏出私財散給，繼買仙草乾熬凍以濟軍，得延數日殘喘。若吳鴻源不及時率軍前來，則嘉義城已難守了，許山素患足疾，至是疾病痊癒，人以為忠義之報。陳弄既歸，知為陳吉生所欺騙，時吳鴻源率諸將，以蘇吉良、徐榮生為冠軍。蘇吉良先後三百餘戰，連破劉厝莊〔嘉義市劉厝里〕。

5月，剿嚴辦於新港，破走之，進剿大崙，呂仔梓乞降。罷水帥提督樸勇巴圖魯吳鴻源，以曾元福代之。

林豪針對這段經過的評論指出：

余嘗騎馬過諸羅城下，父老用手為我指出當年戴軍攻城屯兵紮營的地方，以及百姓所以守禦者，舊壘存焉，未嘗不肅然起敬，而嘆我國家德澤之入人者遠矣！自臺灣闢地，至今垂二百年，其間謀劃起事之徒，隨時在暗中發動，而嘉義處臺灣縣〔今臺南市〕、彰化縣〔今彰化、臺中、南投〕之中，每先受其害。其民之血戰死守，抑何其壯也！然後感嘆朝廷以一個「義」字褒

獎，所以維繫民心、鼓勵風節者，意至深遠也。夫以戴潮春、林
日成很快就被消滅的來比較嘉義縣城人的受到如此榮褒，順逆之
間就已經非常清楚了，好好一個人而戴潮春、林日成為什麼卻喜
歡去作逆賊的危害社會治安的事呢？

《東瀛紀事》（上卷）第八節〈斗六門之陷〉，林豪記述戴
潮春起事，危害當今雲林縣斗六市地區的社會治安問題。林豪指
出：

同治元年（1862 年）5 月，戴軍進犯斗六門〔今斗六市〕，
都司湯得陞盡全力拒戰，副將王國忠也帶兵來支援，屢次打退了
戴軍。臺灣鎮林向榮在解救山城嘉義的圍困之後，欲招撫附近村
莊，依序進兵，以圖謀進攻彰化。已而府城當事者洪毓琛催促進
兵，或遊說林向榮說：「臺灣大勢，內山皆漳州人，海口皆泉州
人。今漳州人剛剛依附戴軍的仇視泉州人，若由海口進兵，則泉
州人爭起為官，勝氣百倍。況就地購糧，可省轉運虛費，尤策之
便者」。林向榮不能從。

7 月，灑淚出師，進駐斗六門，兵勇入街駐紮。副將王國忠
曰：「駐紮城外則聲援可通，駐紮街中如鼠入穴底，戴軍若四面
合圍，何以禦之」？又不從。不久戴軍股首陳弄、嚴辦、許豐
年、軍師劉阿屘合群眾數萬，進迫城下，糧道為戴軍所擄獲。

8 月，洪毓琛派遣參將陳國詮帶餉八千餘元，等到打貓〔今
嘉義縣民雄鄉〕，當晚微雨，國詮欲暫息，把總黃某謂兵貴神
速，不宜遷延的引起戴軍來搶奪的念頭，遂行。戴軍發覺，果率
眾來追，已無及。是日戴軍與官軍激戰而敗，無暇他顧，故餉項
得順利抵達軍營。

先是米戶林炳森領項買米，建議駐紮於石龜〔今雲林縣斗南

鎮〕，可省往來雇用腳伕運送的費用，至是派遣林炳森赴石龜運糧，道路阻塞不能到達。十舍娘莊、烏瓦莊〔今雲林縣斗南、斗六一帶〕為糧道往來要地，戴軍聯合群力攻而據之，惟塗庫義首陳澄清殺開血路，屢運米到營，戴軍防衛尤其嚴密，遂不能達。經制外委黃金城驍勇善戰，聞屯番怨言不絕，憤甚，與楊、李二卒執械當先擊戴軍，打死戴軍數人。戴軍環而攻之，金城潰圍既出，身負數創，復翻身入圍以尋二卒，遂死圍中，聞者痛惜之。

時當戴潮春在內山向居民抽取軍餉，親至城下督戰，勢更猖獗。斗六附近之石榴班等莊與林向榮通款者，約大軍若至，咸願輸米。等到看見戴軍聲勢浩大，遂為戴軍的軍師劉阿屘所威脅，更相率依附戴軍，禁絕接濟。

9 月 13 日晚上，林向榮弟林向㬚往海峰崙〔今雲林縣斗六市鎮東里〕求援，鄉人以林向㬚兵少，又擔心戴軍因而不接納，林向㬚遂陷入戴軍中。17 日夜，王國忠帶所部為前鋒，潰圍力戰，被執。戴軍令其下跪，王國忠怒目大罵，被戴軍凌遲致死。屯番把總潘永壽、外委劉金彥久與戴軍暗通，見王國忠失利，遂引戴軍入城，密約髮上插香者不殺。林向榮久患足疾，乃仰藥死。同死者向榮子林張成等共三十餘員。林向㬚被拘禁於戴潮春家，戴潮春妻憐而厚待之。陳吉生為鄭大柴妻謝秀娘所得，待之甚厚，不久為戴軍陳弄掌理文書工作，後皆被殺。林向榮已革職。及殉難，當事奏請開復原官，照例賜恤。

林豪針對這段經過的評論指出：

糧餉運補，是行軍的重要大事，一日不通，則軍心自亂，何待兩軍相角，而勝敗始決哉？起初林向榮進軍枋埠〔今臺南市後壁區崁頂里〕，以餉道被絕而敗，乃前車不鑒，覆轍相尋，將誰

咎耶！林向榮於水師諸將中較有聲望，不幸內為監軍所制，外為奸民所欺騙，舉足一誤，全局皆錯，用違其才，終至敗事。甚矣不明地利、不諳民情者之不可為大將也！

斗六處在戴軍群中，非用武之地，平定戴軍的關鍵，殊不繫此，而乃順從數百里外的府城臺灣道洪毓琛的儒生見解，驅三千人於必死之地，謹慎小心的怕會違背上司命令的所不容許。林向榮此時，即令糧餉未缺，而戴軍暇我勞，戴軍厚我單，知其萬無生理也。又況內部無糧餉供應，而外部連一點點的支援都沒有呢？嗚呼！廉頗與藺相如的同心協力，而秦國的侵略就無法得逞；賀蘭的觀望，則張巡與許遠終以身殉。軍隊獲勝在於合力團結，古人豈欺我哉！

又曰：王副將國忠，海疆良將也。只是因指揮權不屬於自己，數次勸諫綴成，就抱持一死，與碌碌者同為一丘之貉，誠堪浩嘆！然而枵腹再戰，猶起金鼓之死聲，叱賊餘威，長作沙場之生氣。且國忠本嘉義人，所部健兒，戴軍所素懾，亦豈無自全之術；乃其言云，吾計不從命也，然終不忍棄主帥而獨生，且必欲殺數戴軍而後死焉。之數公者，類皆致命遂志，而浩氣丹心長留千古者也。嗚呼忠矣！

《東瀛紀事》（上卷）第九節〈南路防剿始末〉，林豪記述戴潮春起事，並與南路（當今岡山、鳳山）等地區亂軍串連的影響社會治安。林豪指出：

同治元年（1862年）6月，南路奸民許夏老、李從、楊振等據岡山謀作亂。巡道洪毓琛派通判陳兆琮、職員朱必昌會同守備趙侶、參將凌敬先、鳳山令羅憲章夾攻於岡山。趙侶力戰平定亂軍，擒夏老、李從、蘇賜酒等十五名，誅之。鳳山水底寮〔今屏

東縣枋寮鄉〕人林萬掌，先祖世代為義首，地方有事，每次都率領其宗族人跟隨官軍效力。

咸豐三年（1853 年），鳳山林供亂事，知縣王廷幹下令林萬掌帶鄉勇入鳳山城防守。其鄉勇密通亂軍，趁機會殺縣令，據城反，林萬掌被威脅，亦順從之。等到亂軍攻打鳳山城失敗，林萬掌與義首王飛琥乘間救出縣令妻子，逃脫回到水底寮。官軍亟欲徹底查辦這事件，林萬掌於是擒綁主要的造事者送交府城，該事件才獲得解決。鳳山奸民劉來成潛往彰化，接領戴潮春旗令竄回南路，招集岡山的亂黨，圖謀作亂。

10 月，臺灣道洪毓琛再派遣朱必昌會同該地紳士，設局於阿公店〔今高雄市岡山區〕，團練清莊，劉來成往北路逃竄。水底寮匪徒陳大目與柯歹、吳旺、連包謀於 12 日舉事，請林萬掌妻子林李招、兒子林有才，幫助製作鉛藥。問糧餉何出？答以各鄉派飯。林李招笑說：「才剛舉事不久就貪婪向人民索取錢財，何以能久？」斥絕之。

洪毓琛發覺亂軍呼嘯集聚滾山坪〔今高雄市燕巢區深水村〕，派遣同知張啟煊帶兵赴阿公店，會合趙侶圍捕，獲戴軍頭目簡惡、唐烏犍及戴軍印章一顆。洪毓琛又密諭石井汛〔今高雄市燕巢區〕的軍官朱通，在岡山左近偏插旗幟為疑兵。之後柯歹的母親哭罵柯歹，眾人清楚事情難以得成，遂各解散。

林豪針對這段經過的評論指出：

身為女子而有才能並非難事，能深明大義才是難事。當彰化城失陷，導致府城震動，林萬掌妻林李招如果自比夜郎的奮起投身戴軍，效法戴潮春底下的其他副手，想要聚眾起事的仗著地勢險要據地稱雄，則退可以踞一隅，進可以窺視整個臺灣府；如果

官軍南路防剿與造事者「鷸蚌相爭」結果，戴軍勢力將收「漁翁得利」，官軍雖有優勢但亦如馬的長鞭無法打到自己肚子的「鞭長莫及」，事情會有如何發展也很難預料啊。

曾是義首的林萬掌，其後裔乃從容敵愾，慷慨同仇，保全一方，免遭兵燹，縱使上一代的微小瑕疵，一旦昭雪，林萬掌妻林李招的享譽如漢昭帝時，陪公主出使烏孫國，立下功勞的女侍馮嫽的蒙賜坐錦車，和明末秦良玉打敗金兵的立下汗馬功勞，她們都是賢能的人啊！（《東瀛紀事》上卷終）

林豪《東瀛紀事》（下卷）包括：官軍收復彰化縣始末、塗庫拒賊始末、翁仔社屯軍始末、逆首戴潮春伏誅、戀虎晟伏誅、餘匪、災祥、叢談（上）、叢談（下）等九節。

第一節〈官軍收復彰化縣始末〉節選注如下：

同治二年（1863 年）10 月，新任臺澎兵備道〔清治臺灣時期最高行政長官〕丁曰健以兵抵竹塹〔今新竹市〕。先是在籍道員林占梅奉令辦理團練，起兵抗拒戴潮春軍，既收復大甲、梧棲港等處，杜絕了戴軍的接濟後援，商議帶兵計畫收復彰化，被嫉妒者〔可能是新竹鄭用錫家族〕所阻。是時官軍與戴軍相峙日久，各困乏不互相下。然而巡撫徐宗幹仍令催林占梅進兵，林占梅深入分析的陳述概略指出：「賊本烏合之眾，死踞孤城，其勢難久。我軍前後進剿，非不能戰，乃迄久未克者，誠以諸軍皆由鹿港進兵，戴軍已備悉虛實故也。若得省垣遣一大員由淡水登岸，沿途招兵選勇，以壯聲勢，然後某統練勇千，同時南下，一路剿撫並行，戴軍聞風膽落，將不戰自下矣。兵有先聲而後實者，此也」。徐宗幹贊成。而兵備道洪毓琛臨終遺摺亦請另遣大員，到臺灣來以平定戴軍。徐宗幹隨會同太子少保閩浙總督左宗

棠奏請以丁曰健授臺澎兵備道，主事周懋琦參謀軍事，督副將關鎮國等軍，由淡水南下，等到克復彰化，才赴郡接任。丁道前為嘉義令，歷淡水同知，有威望；集其故吏門生，整合舊時的部隊，選兵勇三千餘名。遂抵竹塹廳治，與林占梅約定在預定的日期進兵。

8 日，丁曰健進軍駐紮牛罵頭〔今臺中市清水區〕，張世英、陳捷元、王楨、鄭榮諸軍皆會，紳士蔡懷斌、蔡鴻猷、楊清珠皆以鄉勇從攻福州厝〔今臺中市龍井區麗水里〕、水返厝，拔之。16 日，林占梅率紳士翁林萃、陳尚惠等督勇首林忠藝、林南山、鄭義諸軍三千，進扼山腳莊〔今臺中市龍井區山腳里〕，幟上書「保順安良」四字，謂歸順者保全之，良善者安撫之，一路號令嚴肅，道傍耕夫荷鋤而觀，皆謂此行必能平定戴軍了。

以茄投〔今臺中市龍井區〕為彰化城鎖鑰，而山腳為茄投咽喉，故暗通山腳人林山、林尚兄弟為鄉導，使招其附近村莊納款，散給白布條，蓋戳記為號。密約：衣襟間有白布者皆良民，官軍不得擅殺。莊民被脅者爭向軍營支領，並運巨砲數尊，沿途演放，聲震山谷。戴軍大懼，歸順者愈眾。時陳鮴踞茄投，趙憨踞大肚溪，何守踞水師寮〔今龍井區龍崗里〕，未下。而茄投一帶背山倚海，地勢如長蛇，戴軍據守尤力。

27 日，占梅率諸軍分道並進，戴軍退入砲樓。官軍冒雨環攻之，擒拿蓄髮的戴軍數人。其良民被脅者，林占梅命人為之剃髮，賞給旅費遣之去。轉相傳布，遠近皆傾心焉。於是何守由林尚乞降，水師寮、何厝莊〔今臺中市梧棲區大庄里〕皆豎官軍旗號，而茄投各莊總理亦相率納款。遂分兵攻大肚。是時戴軍聲勢尚熾，各軍至中途不敢進，惟林忠藝以所部越茄投而南，轉戰至

大肚溪，招戴軍陳番嬰來降。陳番嬰心意未決，林忠藝馳入其壁，諭以利害，拔掉戴軍紅旗，豎官軍白旗。陳鯓大懼，打破牆壁逃走。林忠藝與陳番嬰縱兵邀擊，擒鯓愛妾蔡美娘，奪偽印、偽令、器械甚多，以兵少不敢窮追。乘勢擊趙憨，走之。

11 月，林占梅縱降將林大用入城，約為內應，遂進軍彰化北門。羅冠英掃清涑東一路相應。時戇虎晟竄匿四塊厝，戴潮春久處斗六門，以江有仁、陳梓生、鄭豬母、盧江、劉安輩守城。戴軍見勢不支，皆有降意，唯江有仁持不可。3 日，林占梅前鋒林忠藝、林尚等攻入彰化北門，生擒戴軍軍師江有仁、黃旭日、都督鄭豬母、先鋒王城等，誅之。陳鯓、陳梓生、陳在、劉安、趙憨、盧江、陳狗母等人，皆開東門遁。丁曰健旋往鹿港，留占梅一軍暫駐彰化城中，以防不測。

12 月，總辦台北軍務浙江補用道林占梅整軍返回竹塹。

同治三年（1864 年）3 月，石榴班〔今雲林縣斗六鎮〕降將張三顯復糾陳鯓、陳在、陳梓生、陳狗母、趙憨、洪叢、葉清、葉中、王春等謀作亂，彰化城外市仔尾街〔今彰化市開元里〕及東北一帶餘黨俱應之，皆執青旗為號。先是張三顯執送戴潮春，自以功大賞薄，頗懷不滿，遂謀不軌。27 日，戴軍千餘攻城，勢甚猖獗。知縣凌定國乘城堵禦，幾不支。義首林大用聞變來援，戴軍退踞市仔尾搶掠。時提督林文察諸軍攻小埔心〔今彰化縣埤頭鄉〕未下，皆回軍堵禦。幸西南一帶泉莊及鹿港義民相率赴援，戴軍乃潰散。張三顯為其族人所執，伏誅，彰化平。詔加臺灣道丁曰健二品頂戴，在籍道員林占梅賞加布政使銜，其餘將士升官各有差別。

林豪針對這段經過的評論指出：

　　戴潮春之亂，其出死力與戴軍相拒者，惟泉屬紳民為多。蓋臺灣漳泉民各分氣類，積習已久。戴軍若得志，必修舊怨於泉，故泉人終不樂為用。是以葉虎鞭、林大用、何守、林尚皆泉人也，四人來歸，而戴軍已毀壞其藩籬，除去其輔佐的勢力，而無能為矣。雖然，葉虎鞭降於鹿港，僅足以佐守鹿港，何守、林尚降於淡水，遂用為在前方開路的人，以收復彰化，則運用之妙，又存乎其人的一心了。

　　林豪《東瀛紀事》（下卷）第二節〈塗庫拒賊始末〉節選注如下：

　　同治元年（1862 年）春，嘉義義民陳澄清起兵抗拒戴軍，鹽水港各莊俱應之。澄清小名覘，塗庫〔今雲林縣土庫鎮人〕，性明決，知兵任戰。有友十餘人，皆勇敢有氣，緩急可恃，陳澄清待他們如同手足。發覺戴潮春有計畫要反抗官府，遂於所居竹圍外，築垣掘濠，造砲樓，佈竹釘，聚米鹽食物，作三年蓄。左近田園皆種地瓜，插滿山竹，以防不給。及事發，倡言抗拒戴軍，事事皆辦理完成。於是附近粵莊暨鹽水港聯莊固守，皆倚以為重焉。

　　7 月，總兵林向榮派兵駐紮斗六，陳澄清數次為其運送糧餉，曾經有過一日七戰，三次偷襲戴軍營，林向榮以五品銜及名馬珍物作為獎賞。但等到官軍移入土城，交通要衝已被戴軍所佔據，而糧餉開始困難運達了。斗六既陷，戴軍痛恨陳澄清，移攻之，新民莊〔今雲林縣土庫鎮新庄里〕陳廷順、無底潭〔今雲林縣土庫鎮奮起里〕楊姓皆從戴軍來進攻。官軍抗拒戴軍三年，未嘗敗。黃丕建曾帶領戴軍五百來犯，過埔姜莊〔今雲林縣褒忠鄉〕要居民提供飯食，生員劉豐慶敷衍答應，戴軍不久被陳澄清

打敗，逃走了約五、六里路之後才得停下來喘息。這時飯食的東西剛到，或被笑曰：「此等不耐殺之徒，乃想要起亂事混飯吃耶」！戴軍忍著饑餓逃遁。

陳澄清所居住的地方與土庫街接連一起。陳弄、嚴辦以大股戴軍盤踞街中。時商舖住戶皆停止交易，陳澄清設下埋伏等待，派遣壯士蘇阿傳率十餘人，假借戴軍旗號，直接到街中命令曰：「我元帥命令你們安全防守，貿易如常，違者斬」！戴軍驚嚇回頭望看的時候，而突然傳出大呼殺戴軍聲。戴軍集眾追之，伏兵突起夾擊。傳砍死數名戴軍，且戰且行，及回營，不傷一人。

戴潮春曾以書招陳澄清被拒絕。等到戴潮春盤踞土庫街，誓滅陳澄清始返。陳澄清的哥哥陳必湖挺身見了陳弄，陳弄露刃見之。陳必湖笑曰：「始吾以大哥為豪傑，故傾心相向，今始知非欲成大事也。不然，如愚兄弟亦足以擔任有利的助手，而大哥見拒何耶」？陳弄曰：「汝果欲降，吾豈相拒；但未必然耳」。陳必湖因說之曰：「我兄弟欲降久矣，然不倚仗重權，無以令眾，如肯賜一將軍名號，當於明早豎旗相應也」。陳弄喜，延之坐，以偽令與之。警備稍懈。

陳必湖歸來，即傳集義勇，約在凌晨 5 點左右合力攻打戴軍，而是夜三更，澄清已潛遣人燒燬街尾店屋，阻斷戴軍歸路。陳弄見火起，始大驚，知為陳必湖所欺騙，於凌晨 5 點前已倉皇狼狽地逃去。陳澄清的治軍，禁止賭博，禁止抽鴉片，禁止奸殺竊盜，賞罰嚴明。多方偵查探訪，故戴軍的聲息皆清楚掌握。派出去的軍隊不清楚要往何處，只聽率隊指揮官的命令，雖至親沒能猜測，常以一軍與戴軍對峙，趁著砲聲連發的時候，從捷徑襲擊戴軍後方或焚燒戴軍營地。戴軍見背後火起，方忙亂間，陳澄

清軍趁機而起，沒有不打勝仗的。謂兵多則眾心不一，故所用但六、七十人，並養其家於竹圍內，以固眾心。其徑適約在下莊仔〔今雲林縣二崙鄉崙西村〕有眾三、四十人，相去二里許，附近莊眾聽命者又六、七百，而粵籍劉豐慶及鹽水港時助鉛藥，故能持久。後劉豐慶為其叔阿霖所殺，陳澄清為之復仇云。

陳必湖性寬厚，戴軍既平，陳澄清欲誅脅從者，陳必湖密勸止，全活頗眾。陳澄清弟陳澄江攻打元掌莊〔今雲林縣元長鄉長北、長南村〕的戴軍，中砲卒，陳澄清悉力攻之，計擒抓戴軍頭目十餘人，砍下頭來在陳澄江的墳墓前祭拜。

林豪針對這段經過的評論指出：

嘉義之有土庫，猶淡水之有翁仔社〔今臺中市豐原區〕。二地雖小，然戴軍不能越大甲一步以遂其達北路的目標，賴有翁仔社之分其勢，猶之戴軍不敢逕越嘉義而窺伺郡治者，賴有土庫與鹽水港之議其後。翁仔社與大甲土城，非恃羅冠英一軍則不能守，猶之土庫等莊，無陳澄清一人則亦不能存，對於他們二人，比之其有關於大局的影響大概是相等了。

林豪自認其評論，羅冠英戰功頗盛於陳澄清，而陳澄清舉動尤合兵法。然則陳澄清大概是古名將之流而羅冠英亦一能戰之士！要其明大義、識明順從或叛逆也。林豪指出其不認識陳澄清、羅冠英的為人，而自大甲以至郡治，凡士夫野老每談及陳澄清、羅冠英二君的軼事，無不稱讚不停，體會他們所說的話，有如合符節的信物，有如串連一起的珠子，都沒有不一樣的言詞。然則大概上天厭惡戴潮春、陳弄的所作所為，故預生磊落瑰奇之士，以摧折其銳鋒、樹立其敵人，使他們最後還是沒有達成願望？這就也未可知了。

　　林豪《東瀛紀事》（下卷）第三節〈翁仔社屯軍始末〉節選
注如下：

　　同治元年（1862年）7月，候補通判張世英進軍翁仔社〔今
臺中市豐原區翁明、翁子、翁社等里〕，以圖彰化。先是秋日觀
之南下也，下令東勢角〔今臺中市東勢區〕人羅冠英招勇四百赴
彰協剿。羅冠英至中途，聞變而還。竹塹總辦團練林占梅聞其
名，派人賞賜金帛的結交，屬其由內山攻四張犁〔今臺中市北屯
區〕以分戴軍聲勢。不久隨著張世英的收復大甲，再率領部眾護
送在籍參將林文明回阿罩霧〔今霧峰〕，濟助其困乏。戴軍憤
恨，移攻之。

　　此時張世英已卸淡水同知任，仍帶鄉勇進剿戴軍，遂與林占
梅商議決定，進屯翁仔社以圖進兵，這是採用了羅冠英的計策。
翁仔社本非村堡，以地居上方，可以截斷戴軍的東南水路，為內
山南北要害，故屯老營於此，以固守新竹以南至大甲之間的安
全。仍派羅冠英及廖廷鳳、廖世元、林傳生管帶粵勇數千，皆百
戰勁旅，戴軍甚為懼怕。時糧餉維艱，張世英能不特別多吃美食
也只吃少的份量，與士同甘苦，以故眾皆愛之，願出死力。凡血
戰三年，兩援大甲，所向有功，皆張世英的善用羅冠英，使得成
功也。羅冠英，剛直敢戰，與廖廷鳳結為生死交。偵查知悉戴潮
春的結會行動，亦聯絡各社，立誓有事相援。所居內山與生番接
界，生番以射鹿為生，鏢鎗無虛發，羅冠英為所畏服，嘗率之以
解大甲之圍，頗稱得力云。

　　閏8月14日，羅冠英克寮腳莊〔今臺中市東勢區中寧
里〕。22日，克葫蘆墩〔今臺中市豐原區一帶〕的軍事基地；
廖世元進拔圓寶莊〔今臺中市潭子區東寶里、大雅區西寶里〕，

據之，遂攻圳寮〔今臺中市豐原區圳寮里〕。28 日，戇虎晟（林日成）由彰邑來爭，勢甚猖獗，廖世元倉卒接戰，眾寡不敵，與敢死士潰圍出，身被數十創，至翁仔社而卒。張世英厚葬之，以其兄廖江峰、弟廖樹代領其眾。

同治二年（1863 年）2 月，張世英派遣羅冠英等攻馬公厝〔今臺中市大雅區一帶〕，拔之。5 日，拔新廣莊〔今臺中市神岡區〕。16 日，攻取壩仔街〔今臺中市大雅區大雅里〕，進攻四張犁〔今臺中市北屯區〕老巢，斷其水道，橫亙二十餘里無水，戴軍遂不支。27 日，羅冠英攻入戴軍的營地，毀掘戴潮春的祖先墳墓，拾得戴軍官印、記事冊、旗幟甚多，由是無日不戰，進迫戇虎晟（林日成）巢穴。自夏天到秋天，股首陳梓生、林狗母、廖安然等多次糾合戴軍來攻，皆擊走之。

10 月，羅冠英等克棋盤厝〔今臺中市西屯區〕、東大墩〔今臺中市中區〕、犁頭店〔今臺中市南屯區〕等莊，乘勢攻克圳寮，戴軍廖安然中槍死。於是石岡仔〔今臺中市石岡區〕、枋寮〔今臺中市后里區〕、土牛〔今臺中市石岡區〕及涷東〔今大臺中〕巡司地方，以次收復。

林豪針對這段經過的評論指出：

翁仔社地雖僻處，然左以赴大甲支援，右以分散阿罩霧的地勢，內以固守淡水廳的防衛，外可以進窺彰化而趁其間隙攻打，近以斷四張犁之水道，遠亦可為曾玉明、曾元福的聲援而助張其聲威。然則此地駐紮軍隊，實在關全郡安危的大局勢，為克復彰邑的取得最先有利時機。是張世英與羅冠英等的功勞，實在是值得記住下來。其他有浮濫授予官位，也都能在功名簿上登錄一筆，而羅冠英既沙場授命，廖廷鳳身經百戰而倖存下來，最後竟

連一點點的封賞都沒有獲得。感嘆啊！

林豪《東瀛紀事》（下卷）第四節〈逆首戴潮春伏誅〉節選注如下：

戴潮春既以彰邑讓給林日成（戇虎晟），立刻感受自己失勢，欲仍回四張犁依其地勢險要抵抗官軍。林日成責怪說：「自古帝王皆南征北討，親自冒著危險在前線指揮作戰，然後士卒才肯效命；豈有高臥在家中屋裡，而可以經營天下者乎」？戴潮春感到羞愧，又自知兵力不足自立，恐一旦情勢不利，為部眾所識破其虛實，乃荒謬虛張聲勢壯大，自稱東王，親往水沙連〔今南投縣竹山一帶〕派餉，一路具威儀，排隊仗，仿行古代皇帝親自下田耕作、祭天地之禮。不久回居斗六門〔今斗六一帶〕，生活如在皇宮設有太監、宮女的淫亂。

同治二年（1863 年）11 月，官軍攻打彰化。吳帥鴻原、曾鎮元福、副將關鎮國、遊擊陳捷元諸軍進攻斗六，戴軍抗拒抵守。林帥文察登高望之，謂諸將曰：「我攻打其中一角落，而城外匪鄉仍繼續接濟戴軍，這如何能壓制戴軍於死命」？乃令四品軍功洪廷貴趕赴嘉義、彰化交界，聯絡二百四十一莊，各取結狀，飭帶先鋒隊攻破崙仔頂〔今雲林縣臺西鄉〕等莊，先摧滅部分的戴軍。命其弟林文明防範水沙連等地，阻扼戴軍的入山道路，以延伸勢力範圍。

這時的戴軍屢戰屢敗，戴軍總制許豐年等多降，戴軍聲勢日漸窘迫。而四張犁老巢為羅冠英所破，祖墓發掘，無家可歸。以斗六地勢淺狹，接濟暫斷，必不可守，乃竄至石榴班、寶斗仔頂〔今雲林縣斗六鎮一帶〕等莊，倚七十五莊大姓張三顯，圖竄內山番界。而莊民因殺害官府鎮協，犯下大罪懼怕被討伐，亦固留

戴潮春以計畫為自身將來贖罪。

　　臺灣道丁曰健發布懸賞令，拿下戴潮春者官五品翎頂。於是張三顯慫恿戴潮春自首，答應保護其兒女。曾元福任北路協時，戴潮春曾為其擔任文書工作，與有老交情，亦遣人勸令自首，援朱一貴、林爽文之例，約俘至京師，始候廷議。戴潮春信之，謂可緩死。

　　12 月 21 日，戴潮春由張三顯執送官軍。囚轎即將啟程，戴潮春妻子許氏準備酒食敘別，還喝了幾杯酒。既見丁曰健，猶站立而不跪。且云：「起事者惟本藩一人，為官所迫，與百姓無關」。丁曰健大怒，立刻下令斬首正法。戴軍部眾散去，無一從者。陳捷元令人挖下戴潮春的肉食之。蓋陳捷元家為戴軍所破，故深恨之也。戴潮春既已被殺，是夜張三顯迫淫其妻女，盡掠所有。戴潮春妻憤而自焚，子女皆死。未久張三顯復以亂事被處死，即同在戴潮春被斬首的地點，先後時間才不過兩個月而已。

　　林豪針對這段經過的評論指出：

　　戴潮春平生使用權計在籠絡一時的人氣，廣納眾人於其陷阱之中，鼓舞凶徒，多建立與官軍為敵，使林日成、陳弄等人誤墜入其騙術之中，到死都還不知悔悟；戴潮春是何等的狡猾！至於天地之間佈滿荊棘的寸步難行，城社生活無所依恃，連老鼠竄逃羊隻逃亡，黨羽都無所依恃；造成是如此疲憊耶！此無他，依附別人作活，憑藉虛假聲勢，自己顧本都無辦法可施，戰守也都不是自己平常擅長的事物，故即假裝很有智慧地來嚇唬那些愚笨的人，寧願用陰險的手段來迷惑他人，而外表看起來強壯其實內部乾枯，假借虎威難以持久。

　　嗚呼！自戴彩龍、鄭玉麟被殺之後，戴潮春已失爪牙；葉虎

鞭、陳大戇投降官軍，遂失羽翼。乃復縱樂山水之上，嬉遊危幕之間，堂燕井蛙的短視眼界，修飾邊幅，以虛矯之態，愚弄平民百姓而不知，碰巧為張三顯所愚弄，其身終落入部眾之手。夫強族豈可倚哉，戴軍聲勢強盛時則依靠他們作為靠山，看到戴軍事敗則只想到為自己爭取利益。

考察戴潮春生平，開始則結交林日成，拱手而讓出彰化城了；繼則把自己性命託付給張三顯，低頭而奉上妻女；到最後只剩自己一人徘徊的無路可走，進退無據，淒涼杯酒，用衣袖擦著眼淚告別，戴潮春此時應亦嘆黨羽之不好，悲陰謀的一天天走向死亡，椎心茹痛，而悔恨也來不及啊！乃至妻子誰托，生任摧殘，白骨無辜，死遭戮辱，而還昏庸地求不要那麼快的死。

嗟乎！假使果真被關進囚車運到京師，究竟還有何方法可以幸運逃過國法的處置呢？就是可以令他暫時苟延殘喘，亦有何顏面活在人間見人呢？反而比不上林日成、陳弄和有識大義女輩的決然一死來得乾淨俐落。真是令人感到悲哀啊！

林豪《東瀛紀事》（下卷）第五節〈戇虎晟伏誅〉節選注如下：

同治二年（1863 年）春，林日成自大甲中槍敗回，命令江有仁、盧江等守城，自歸老巢養疾，延請佛僧來預先辦法會做功德，不再處理軍隊裡的事宜。等到彰化被官軍收復，殘餘部眾多逃回躲藏在四塊厝的老巢，林日成派遣弟林狗母率陳鱙、劉安、陳梓生等守其外寨，抗拒官軍，以王萬、林貓皆率死黨保其內寨。

同治三年（1864 年）正月，陸路提督林文察督其弟副將林文明、遊擊王世清等軍合圍攻擊，林狗母伏命被殺，戴軍部眾多

自脫離來投降官軍。戴軍聲勢已陷入孤立，懷疑陳鮄等有所圖
謀，不許擅入。乃緊關閉寨門，另開立小門，讓要進內報告事情
的人，只能彎腰駝背的進入。時戴軍部眾多暗地裡通風報信於官
軍，林文察都以不死對待他們。只有王萬因當時引戴軍入彰化城
的重罪不予赦免。戴軍部眾乃假裝與官軍作伙，林日成信之，始
肯放入。陳梓生密使其黨羽釘封大砲，與官軍訂期為內應。

　　林日成以部眾尚與官軍相持，遂拿出財貨，呼死黨六十餘
人，隨意他們所取。部眾拿了之後，各哄而散。王萬自知不免，
以變走告晟。林日成環火藥桶於門，與妻妾王萬相對飲，酒酣登
床，妻為燒洋煙吸之，兩妾侍立。其一蕭氏乃擄自良家者，寵嬖
專房，至是不願從死，聞砲聲漸迫，遽走出門外，林日成亟挽之
入，而妻已點放火藥，與王萬俱成灰燼。

　　林日成與蕭氏為火藥所轟，飈出戶外，氣未絕，官軍執誅
之，分其屍首為六，以首級函送邑城，其兩手兩足分賫被擾各
處。寨中積蓄尚多，皆兩年間所搶掠者。戴軍左相莊天賜逃匿北
茄荖莊（今南投縣草屯鎮茄荖里），為其親家生員洪鍾英所執，
械送官軍誅之。

　　林豪針對這段經過的評論指出：

　　哀哉林日成的愚笨也！自身都已不保，還戀戀一婦人。其與
預作功果，皆冀望於冥間受用耳。夫使死者而無知則已矣，如其
有知，該叛逆惡行的滿盈，必當永墜地獄，遍受刑罰，又安能與
妻妾重聚九泉以行樂哉？嗟乎！人雖不同，而千古梟雄末路，亂
賊到頭來，其堪回首之情形則是一樣下場。不可感嘆哉！

　　林豪又評論指出：觀察戴潮春、林日成的最終結局，感嘆人
情是很難靠得住的！當戴潮春、林日成的氣燄正囂張時，所有的

捐助金錢米糧，沒有不早上收到公文書，傍晚就自動送到的，惟恐成為落在比別人家後到的人。及其大勢一去，部眾情狀相互猜忌，同船人都已成為是仇人，誰開複壁以藏，落井下石全都是最親近的人，誰不倒戈相向。即使是同時慫恿為亂者，皆欲因以為利。乃至生平愛妾，亦懷二心。計所與林日成同死者，惟王萬一人及其妻耳。

夫民猶水也，水能載舟，亦能覆舟，世有竊一時之權勢，任意為非作歹，以為小民其奈我何，而不知道人民的怨恨已經積壓很久，只等待時機而後發者，觀察這些作亂的人和官員能不稍有所醒悟！

考稽戴潮春的號稱東王，事實有這行為。他以林日成稱千歲，亦未聞有稱王的名號。蓋戴軍中，只有戴潮春略為理解簡單文字，故有此稱王；其他的人並非不想自己稱號為王以顯崇高，好讓自己可以偉大到無人可以比擬，這實在是因為自己大字不識得幾個，也只能大概稱呼「大元帥」、「大將軍」而已。查閱公文函件，以林日成為燕王，陳弄為西王，洪逆為北王，則皆由鎮壓戴軍的官員所給予稱的封號，而非其真實情形。林豪稱雖經其悉心採訪，離該事件已有五、六年，本書稿經三、四次的修正，亦欲實事求是，不敢有所忽略？

林豪《東瀛紀事》（下卷）第六節〈餘匪〉節選注如下：

同治三年（1864 年）3 月，陸路提督烏納思齊巴圖魯（勇士）林文察督導曾元福暨王世清、張世英諸軍進軍討伐小埔心〔今彰化縣埤頭鄉合興村〕陳弄，陳弄糾合部眾出面拒戰。義首羅冠英等率敢死士在前線奮力攻擊，官軍乘之，陳弄軍大敗。陳弄有投降的意思，其妻陳氏指出：「今日雖投降，仍難免一死。

與其低頭被殺，為何不全力抗拒以緩和這短暫的時刻呢」？這時陳弄軍中的保壘瓦屋被大砲所擊塌，無法立足駐紮，乃就屋中掘地為窖，躲匿其中以避開砲擊。官軍引水灌之，水注地窖，陳弄的軍隊於是感到不支。

19 日，羅冠英率壯士急擊。陳弄的妻子以弱兵誘引羅冠英軍隊深入，乃率部眾開砲橫擊，羅冠英與壯士數十人皆中砲死。時陳弄軍隊的糧食快要吃完了，林文察率領諸軍排班休息與輪流進攻，而羅冠英弟羅坑以粵勇夾擊，破之。陳弄的妻子自焚而死，陳弄逃匿新興莊〔今彰化縣鹽埔鄉新興村〕。官軍欲剿之，紳士陳元吉乃縛綁陳弄到官軍營，伏誅。

黃丕建投降於臺灣掛印總兵曾玉明，遂公然到莊裡來派捐糧餉。莊民以黃丕建才剛為戴軍派捐糧餉，復為官軍派捐糧餉，反復無常，莊民相爭將其綁縛送到彰化知縣凌定國的官府，誅之。嚴辦本一無賴，其圍嘉義也，凡北路諸賊及陳弄等不啻數萬，所需軍費，皆辦一人應之。至乙丑（同治四年，1865 年）三月，復豎旗於二重溝〔今嘉義縣水上鄉大崙村〕，被執伏誅。

彰邑海峰崙七十二莊〔今雲林縣斗六鎮一帶〕粵籍人多附戴軍反抗官軍，搶劫軍餉。彰邑平後，知縣凌定國、遊擊陳啟祥率把總凌定邦、義首葉保國（即葉虎鞭）、楊金簡前往圍剿，以生員楊清時為鄉導，勸諭近莊，疏通道路。先擊番婆莊〔今彰化縣福興鄉番婆村〕，克之。進擊海峰崙，股首邱阿福、江秋印拒戰，攻破之。戴軍部眾請求以聚資來幫助糧餉，官軍乃還。

同治三年（1864 年）冬天，兵備道丁曰健進軍北勢湳，攻洪叢。先是洪叢據地自守，觀望成敗。至是悉眾抗拒，勢已不支。洪叢諸兄與官軍暗通款曲，洪叢殺兄而占其妾，未幾病，自

言見兄索命，遂死。官軍索其屍首，洪叢長兄洪番不肯獻，仍阻險拒捕。時洪番移居他處，戴軍王春誘引洪番妾，席捲所有與俱遁。部眾見洪番與妾皆他往，疑有異謀，遂共掠所有，抓送洪番到官府，誅之。

同治四年（1865 年）4 月，參將徐榮生、知縣白鷺卿討伐呂仔梓，義首葉保國等皆以兵會。呂仔梓分部眾為三個營，以奇兵假官軍旗幟，從間道夾擊；官軍幾為所乘，乃更築壘以困之。副將陳啟祥以巨砲擊呂仔梓寨，呂仔梓聚眾併為一個營，聲勢甚窘。時有海賊蔡沙所居海口名布袋喙〔今嘉義縣布袋鎮〕，平素即接濟呂仔梓。呂仔梓以家口寄蔡沙處，蔡沙善待之，誘呂仔梓同坐巨艇逃脫入海，邀至海邊，乃執而數之曰：「你名為投誠，實持兩端觀望。嚴辦為擄之時，你不引兵援助，今唇亡齒寒，行將及我，皆因你所導致的」。遂沉之於海。官軍乘戰艦將擊之，偵知呂仔梓已死，乃引還。

臺灣道丁曰健察知陳鱝、劉安、陳弄等竄匿淡水之內山三汊河馬麟潭〔今苗栗縣三義鄉一帶〕，仍蓄發出擾居民，下令淡防同知王鏞剿辦。同治四年（1865 年）9 月，王鏞赴大甲，派遣農民為兵以進剿。戴軍屯兵鯉魚潭〔今苗栗縣三義鄉鯉魚村〕逆戰，官軍接仗即潰，義首廖廷鳳以屯勇來援，殊死戰，王鏞乘輕車先回，官軍傷者甚眾。乃以賄款誘引戴軍聽命，密令暫退內山，而搜被脅莊民數名斬首以回報完成任務，遂還。

同治五年（1866 年）秋天，彰化令李時英以重金懸賞抓到林貓皆誅之。同治六年（1867 年）春天，兵備道吳大廷下令緝拿南北餘匪，先後獲股首朱登科、趙憨，誅之。其著名大賊至今漏網者，如大甲城內王九螺，葫蘆墩人王秋；賴厝廍人賴阿矮；

牛罵頭蔡通、楊大旗及鎮港將軍陳在。股首何有章至今仍為糧差。內山人林海仍充縣差。內山人劉阿奴至今尚存。戴軍中老而無賴者，莫如劉安至是年七十餘，仍為股首。其反覆無常者，莫如王春、洪番至今二人俱亡命無蹤焉。水沙連近內山一帶，五城〔今南投縣魚池鄉〕吳文鳳、筍仔林〔今南投縣竹山鎮延山里〕劉參筋、涷東廖有譽、盧江、葫蘆墩紀番仔朝等，淡、彰交界之三汊河陳鰍、陳梓生，粵籍鍾阿桂、李阿兩、劉阿屘等，皆漏網至今，諸賊猶多蓄髮也。

　　林豪針對這段經過的評論指出：

　　案首禍者為戴潮春，戴軍所奉為首者，然其強盛尚不及林日成十分之一。是林日成未被抓到，則事猶未平也。其他最悍惡者莫如陳弄，然彰邑已復，戴潮春、林日成二人已被抓到，則大局定矣。陳弄雖悍惡，何能為哉！他如洪叢僻處內山，既不附言，亦不甚助逆，故官軍屢招之。而洪叢素與前厝人不睦，且戴潮春、林日成二人與之交情深厚，為所愚惑，仗恃其地勢險遠，謂可自據一隅以觀望成敗。

　　其後的官府公文報告中多誇張其詞，至贈以「北王」「宮殿」的名號，而營員因此得「巴圖魯」勇號，蓋海外軍報類多如是也，我〔按：指林豪〕故將其缺漏的不加記述。其餘著名股首，或死或降，無法詳細具體記述，茲於見聞所及者，大略記載下來，自陳弄以下就大略稱「餘匪」。

　　林豪《東瀛紀事》（下卷）第七節〈災祥〉、第八節〈叢談（上）〉、第九節〈叢談（下）〉，節選注如下：

　　第七節〈災祥〉節選注如下：

　　戴潮春祖父的名字神保，《彰化縣志》〈人物・軍功〉作

「戴天定」，稱其重修文廟，凡經費出入皆經手的協助辦理，與其子戴松江都有功勞。戴松江即戴潮春的父親。戴潮春作亂時，其祖父戴天定的墳墓夜裡聽到鬼哭的聲音，戴潮春不信，親自前往聽聽，果然有這種事。後來戴潮春祖墳為羅冠英所發掘，鬼神哪預先知道但是又無能為力的呢？

嘉義與彰化的分界處有濁水溪，源出臺灣中部山區〔今合歡山主峰與東峰之間的武嶺鞍部〕，水流急而混濁。假若水混濁的忽然變成清澈，則地方就會有事情變聲。同治元年（1862年）春天，濁水溪的水突然變成清澈的連續三天，過沒多久，真的就有重大事件的發生。又如火山在嘉義有稱「水火同源」〔今臺南市白河區仙草里關子嶺風景區〕的。相傳地方有事，則火會熄滅。戴潮春在未起事之前，火熄滅連續三天。

同治元年（1862年）5月11日，臺地連日大震，臺南府治及嘉義縣尤甚，城垣傾塌數丈，壓死數千人，民居傾圮者無算，連日夜不稍止，真非常之變也。

第八節〈叢談（上）〉節選注如下：

福建同安人吳仔牆（吳志高）在嘉義店仔口〔今臺南市白河區〕任教師，頗得眾心。戴潮春以股首盧大鼻守店仔口，吳仔牆服從他。等到臺灣鎮兵林向榮率官軍到達時，吳仔牆想投降，盧大鼻不同意。吳仔牆乃使計謀分散盧大鼻的部眾，埋伏壯士抓住殺了盧大鼻。後來吳鴻源帥軍解救嘉義被圍困，還得受到吳仔牆的幫助。

第九節〈叢談（下）〉節選注如下：

臺灣闢地至今，亂者三十餘次。最大者莫如朱一貴、林爽文、張丙、蔡牽與戴潮春而五。朱一貴以飼鴨小民（時稱鴨母王）號義

王，竊踞府治，然為日無多，人心未定，故提軍施世驃、鎮軍藍廷珍直攻鹿耳門，一戰而克。林爽文踞彰化縣，張丙踞鹽水港，擾嘉、彰間，眾心未附，故大將軍福安康的平定林爽文，由鹿港進兵，提軍馬濟勝的平定張丙，由鹽水港進兵，皆一戰而克。海寇蔡牽雖攻陷鳳山，實恃海船為退路，故提軍李長庚率船艦來支援，圍住港口，蔡牽聞而膽落，於是拚命的遁逃而去。

蓋其時內地兵力剽勁，將帥能軍，故能直擣中堅，如摧枯朽也。若戴潮春踞城頗久，我軍雖進兵鹿港，而戴軍登城一望，已悉虛實，又以招撫方法坐失事機，故久而未克。等到臺灣道丁曰建、陸路提督林文察率領全軍由淡水南下，藉著居高臨下的優勢，且招其黨羽來歸，杜絕接濟，戴軍聲勢已被孤立，然後一戰克之，所謂先人有奪人之心也。《朱子語錄》〔按：指朱熹〕指出：「敵勢緩，當直擣之；敵勢急，當左右纏繞之」。此一定之法。

臺灣本海外荒島，明末南安人鄭芝龍船載沿海貧民以開闢。鄭芝龍子鄭成功遂據有其地，設天興、萬年二州，遙奉永曆年號，傳子鄭經。趁耿精忠之變，率百餘艘擾泉州、漳州、汀州、潮州之間，最終吃了敗戰回到臺灣，不久病死，傳子鄭克塽，托孤於陳永華、劉國軒、馮錫範。陳永華死後，馮錫範忌妒鄭克塽英明，乃弒之而立鄭克塽。

康熙二十二年（1683 年），大學士李文貞特別舉薦施琅為福建水師提督，掛靖海將軍印，統舟師克澎湖，守將劉國軒乘小舟由吼門（澎湖西嶼）遁逃回臺灣，勸鄭克塽納土降。於是設臺灣一府，轄澎湖一廳、臺灣、鳳山、諸羅三縣，以臺廈兵備道掛印總兵治之，設巡臺御史，滿漢各一，以漢御史兼提督學政，以兵備道兼提學副使。

其時北路多瘴雨，生番所居住地；未幾於半線增設彰化縣，尋於竹塹〔今新竹〕增設淡水廳同知，於蛤仔難〔今宜蘭〕增設噶瑪蘭廳通判。地大物蕃，米穀所出，遂為海外重鎮。論者以臺澎為沿海七省藩籬，實在不是騙人的。

同治五年（1866 年），林豪應淡水嚴司馬金清之招，修《淡水廳志》，嘗以淡水一隅地甚廣漠，南北幾五、六百里，同知駐紮竹塹，勢難兼顧，而府治至淡北幾千餘里，未免鞭長莫及，謂宜於艋舺增設州縣以分理之，並復設巡臺御史一員兼理學政，下以分臺灣道與臺灣府的辛勞，上可為閩浙總督與福建巡撫的助力。

臺灣膏腴之地，故凡渡海宦遊者，率視為金穴；其他為百姓興利除弊的事情，概未暇講求。所謂潔己愛民者，若如臺灣知縣歷任臺廈道的陳璸，雖離開職位的時間已久但還是令人懷念不已。其他例如兵備道周凱的栽培讀書人，廉能又施恩惠於百姓；淡水同知曹士桂的勤政愛民和慎行獄政；澎湖通判胡建偉對百姓的教化與養育同時兼顧；鳳山知縣曹謹的為民興利；以上諸位至今臺灣百姓都還歌詠思念。倘若將諸位供奉入臺南府城「名宦祠」祭祀，將有助地方官員的知所啟發，臺灣百姓也將可免於受到災禍吧！（下卷終）

溯自 1862 年，林豪自金門東渡來臺，和之後的出版《東瀛紀事》一書，迄今已近 150 年，在文字的解讀與書寫上，我盡可能地貼近當前臺灣的政經環境。正如承上述，我的節選注林豪《東瀛紀事》，旨在凸顯清治時期臺灣傳統治安史階段的政府與人民關係，嘗試透過政治經濟學的研究途徑，來完成撰寫一部《臺灣警政治安史》。

# 第二時期　近代臺灣「以軍治警」治安史（1895-1945）

　　日治時期治安隨著軍國主義體制的衍變，可分為日治前期中央集權「三政合一」治安階段（1895-1920），與日治後期地方分權「郡警一體」治安階段（1920-1945）。

## 一、日治前期中央集權式「三政合一」治安階段（1895-1920）

　　日治臺灣時期的時間，是根據 1895 年 4 月簽訂的《馬關條約》，清政府將臺灣、澎湖割讓給日本；到了 1945 年 8 月日本無條件投降，日本政府根據《開羅會議》放棄對臺灣、澎湖的統治權。

　　帝國主義的發生，實導因於資本主義體系的失調，資本家把剩餘的資本轉投資於海外賺錢的事業，以其在國內無法銷售或使用的貨品和資本，創造海外市場和投資，使帝國主義變得更依賴海外市場。加上政府結合企業，運用國家資本，宰制國際市場利益。

　　帝國國家即以專制君主為首、由中央協調、行政和軍事的職能分化行政和軍事體制。帝國不是一個「主權」國家，而是擁有

不同「治權」的結盟機構所組成的政治實體，在殖民地完成其國際市場和世界土地的劃分。所以，殖民主義代表著帝國主義的灰色面，殖民體制是一個殖民母國與殖民地之間脈絡相連的結構。這個結構促使殖民地的政治、經濟、社會和文化皆從屬於它的殖民母國。

殖民主義導致民族主義時代新興國家設立百貨公司、警察、中央銀行、智庫等新機構。1868 年，日本於趁勢而起的引進歐陸警察制度，將警察業務分為消防警察、經濟警察、特高（思想）警察、勞動警察、衛生警察、建築警察、水上警察等不同性質的單位。殖民主義誘使日本民族主義警察權擴及對一般行政的建築、衛生、商業、財稅等議題的干預，並為因應國家與社會的發展，從而走向軍國主義之路。

1880 年代初，日本政府將原本國營的工廠以低價賣給私人企業，其中不乏特別是與政府官員關係密切的民間人士。這雖不是一種最理想的轉移方式，但實質上卻補助或圖利了商人，讓他們有一個全新走向國際的開始。同時，世界性資本主義體系的日本棉紡業開始從手工走向機器紡紗。

政府對於製造機器、馬達、船隻、火車頭、鐵道、港口、造船廠，尤其是電力供應，提供了財務和訓練人才等方面的資助。加上，日本社會集體在現代化上的全力投入，加劇促使日本近代化的明治維新政權，淪為向外擴張的軍國主義。

軍國主義與帝國主義的本質上相同，特別是軍國主義更凸顯其強調軍事武力戰爭的必要性。檢視日本歷任駐臺的 19 位總督中，任期時間超過三年者只有 6 位，占不到總數的三分之一；持有軍職的武官一共 10 位，超過總數的二分之一，而且合計執政

的時間有 28 年，也超過日本在臺 50 年的一半。尤其是在 1931
年發動一連串的東亞戰爭之後，軍國主義治臺也因此得名。

　　1895 年 5 月起至 1920 年 8 月止，中央集權政府治安，主要
凸顯在這時期的臺灣人武力抗爭事件。特別是在 1895 年 5 月到
1898 年 2 月止的所謂「軍政」，亦可以將之稱為中央集權「三
政合一」治安階段前期，而所謂 1898 年 2 月至 1920 年 8 月的所
謂「民政初期」，則可將之稱為中央集權「三政合一」治安階段
後期。

## （一）中央集權「三政合一」治安階段前期

　　中央集權政府警政治安前期，是從 1895 年 5 月 21 日，通過
《總督府臨時條例》的第十四、十五條就已有民政局內務部警保
課的編制和職權規定，警政人事由民政局長官水野遵、內務部長
牧朴真、警保課長是千千巖英一擔任。6 月 17 日，舉行「始政
典禮」。

　　接著樺山發布〈臺灣人民軍事犯處分令〉，即以唯一死刑的
嚴酷手段來維護社會秩序；7 月 18 日，內閣總理伊藤博文更決
定將總督府改組為軍事組織的型態，一直到全島平定為止。

　　8 月 6 日，發布《臺灣總督府條例》，即設有民政局內務部
警保課，而且一切措施必須根據總督府的軍令施行。縱使如此，
當時在臺灣人民強烈的反抗下，實際上日軍僅佔領基隆、滬尾
（淡水）、臺北三個地區，臺北以南的武裝抗日，仍然方興未
艾。以劉永福、丘逢甲、林朝棟、吳湯興等人所領導的武裝抗
日，一直要到這一年的 10 月才停止下來。

　　10 月，總督府發布〈警察分署設置及職員命免要件〉規定：民政局長在總督的認可之下，得在各重要地區設置警察署和警察分署，以及民政支部的警察部長。亦即地方的三縣一廳，臺北縣保持警察部；尚未靖定的臺灣縣、臺南縣改稱民政支部；澎湖島廳則設警察署、分署。

　　1895 年 8 月，開始實施的「軍政統治」，除了在 11 月又軍令頒布以〈臺灣住民刑罰令〉的嚴刑重罰，和軍警參與司法制度檢察及審判的〈臺灣住民治罪令〉來統治，即是採取「中央集權式」軍事警察法制，凸顯在軍政、警政、行政的「三政合一」機制。

　　當臺灣社會的抗日行動漸趨平息之時，「軍政統治」的「軍令立法」警察法制，到了 1896 年 4 月，配合總督府實施「民政統治」的「律令立法」，根據 3 月 30 日，公佈的法律第六三號，簡稱《六三法》之外，陸續還有〈臺灣總督府地方官官制〉、〈地方縣島廳分課規程準則〉、〈警察規程〉等法規的實施。

　　《六三法》條文規定：第一條、臺灣總督得於其管轄區域內，發布具有法律效力的命令；第二條、前條命令應由臺灣總督府評議會議決，並經拓殖大臣呈請敕裁，臺灣總督府評議會的組織以敕令定之；第三條、臨時情況緊急，臺灣總督府得不經前條第一項手續，直接發布第一條所規定的命令；第四條、依前條發布的命令，於發布後直接呈請敕裁，且向臺灣總督府評議會報告，未獲得敕裁核定時，總督應立即公佈該命令無效；第五條、現行法律及將來發布的法律，其全部或部分要施行於臺灣，以敕令定之；第六條、此法律自施行日起滿三年即失效。

　　由「軍令立法」改以「律令（委任）立法」方式，確立殖民地統治體制，警察法制有了較大幅度的調整，在總督府內務部警保課下分設高等警察（政治警察）、警務、保安、戶籍四股，課長為警部長，可指揮監督下級警察機關，縣廳則設警察課，內有警務、保安、衛生三股，並可視事務繁簡程度，增設高等警察主任，支廳的警察組織與縣同，但是成員須由其下的警察人員兼任。地方警察權由支廳長執行，可指揮轄區警察，警部長則負責監督。

　　調整後的警察職權幾乎包括：行政、司法、警察、監獄、出版、報紙雜誌、船隻檢疫、鴉片與藥品販賣、衛生、地方醫療人員管理等事項，逐漸分奪軍、憲權限，加上總督府內部也出現了文官與武官系統之間的矛盾。

　　1897 年 3 月，乃木總督決定實施「三段警備」制，並於 6 月將地方行政區域由「三縣一廳制」改為「六縣三廳制」，同時廢除支廳，而將警察署、辦務署與撫墾署三署同級並立，直接受之縣警察部長指揮。

　　開始實施的三段警備制，遂將臺灣各地分為三級，未曾確立治安的地方為一級區，派駐憲兵及警備，以警備隊長兼任地方行政官；山岳及平原緩衝區為第二級，憲警聯合共同負責治安行政；臺北、臺南等社會治安已經確立的為三級區，由警察擔當治安責任。同時，配合實施辦務署制度，警察署與辦務署、撫墾署鼎足而立，直接受縣警察部長指揮。

　　總督府雖名稱實施民政，但實際上是削弱了民政局的權限。特別是乃木依據 1897 年 10 月發布的〈臺灣總督府官制〉第十四條、第十五條，在總督之下設置總督官房、陸軍幕僚、海軍幕

僚、民政局、財政局等五個系統。

中央集權政府治安前期的警察系統，主要任務是協助憲兵維持治安，協助憲兵進行搜查、逮捕等工作。依據〈內台憲兵條例共通時代〉的憲兵條例，透過軍政、警政、行政的「三政合一」機制，以利於軍憲維持治安。

憲兵將臺灣分為若干守備管區，其下設憲兵警察區派置分隊，執行軍事、司法、行政警察任務，有效的鎮壓了當時發生在北部的林大北、林李成、陳秋菊，中部的簡義、黃丑、柯鐵，南部的鄭吉、林大幅、林少貓等武力抗爭事件。

## （二）中央集權「三政合一」治安階段後期

1898 年 2 月，繼任總督兒玉源太郎，基於治安與殖產的雙重任務，且認為三段式警備制的指揮權嚴重侵犯行政權，遂廢止三段警備制，將警察署、撫墾署併入辦務署，在總督府成立警察官及司獄官練習所，開創警政合一制度。

尤其是發佈嚴苛〈匪徒刑罰令〉，不僅以本刑科處置未遂犯，還實施溯及既往的規定。同時，制定《臺灣保甲條例》，以十戶為一甲，十甲為一保，且執行保、甲的人民負有各連坐的責任，連坐者並得以科處罰金。「中央集權政府警政治安後期」的警察系統，則是地方警察權由支廳長執行，地方警察職權逐漸分奪了軍、憲的權限。

1897 年，改制後的地方官制，則因同時統一了基層街、庄、社長制度，並由辦務署監督基層行政，確立了辦務署為地方行政「中間機關」的角色。1901 年 11 月起，更配合「廢縣置

廳」的地方改制為「20 廳」，1909 年 10 月由「20 廳」調整為「12 廳」的行政改革，下設支廳。

　　支廳在性質上屬於虛級的派出機關，而支廳長係由警部擔任，實質上等同於警察機關。亦即將基層行政工作完全轉換成為警察工作，形成警察「萬能主義」的支廳制。

　　1902 年，殖產局更將所管轄的蕃人、蕃地事務，移交由警察本署負責。1904 年，總督府發布〈犯罪即決例〉。1906 年，在署中獨立設置蕃務課，警察成為總督府理蕃政策的執行者；同時，配合實施〈臺灣浮浪者取締規則〉，以改善治安環境。1909 年，總督府成立蕃務本署並廢除警察本署，由警視總長兼任內務局長。

　　1911 年，總督府雖然廢除內務局，重設警察本署，從 1899 年至 1904 年每年警察經費在歲入決算所占比率幾乎都高達 8% 以上，到了 1905 年以後才減少下來，並且維持在 1%。

　　檢視「中央集權政府警政治安後期」，總督府陸續鎮壓了 1901 年詹阿瑞、黃國鎮，1902 年賽夏族日阿拐，1907 年蔡清琳，1908 年丁鵬，1912 年劉乾、黃朝，1913 年羅福生、李阿齊、張火爐、賴來，以及攻打太魯閣族等武力抗日治安事件，直到 1915 年隨著余清芳事件的平定之後，大規模的武力反抗活動才接近尾聲，總督府遂將蕃務本署廢除，所管事務移交警察本署辦理，地方廳的蕃務課也併入警務課為蕃務股，使臺灣無論平地或山地，漢人或原住民都納入警察政治的管轄下。

　　1919 年，更藉由內地同化政策的實施特將直屬於總督府的警察本署改隸屬民政部為警務局。1920 年，更配合地方官制的五州二廳，在州設警務部，郡設警察課，市設警察署與分署，廳

設警務課與支廳，以利於將警察政治隱形在地方分權的民政制度下。由於這階段新官制設立與舊官制廢止的變動非常頻繁，加上官紀鬆懈，以及在臺文武官員相互爭權奪利，因而出現嚴重性治安問題。

凃照彥《日本帝國主義下的臺灣》指出，臺灣島上本地勢力的頑強抵抗，使日本初期的殖民地統治，一方面為鎮壓「土匪」必須耗費龐大的軍事支出，另方面不得不儘速結束軍事統治，進入民政時代。

所謂的「內地同化主義」與「殖民地自治主義」，是日治臺灣後就一直爭論不休的殖民地政治性議題。1896 年，賦予臺灣總督委任立法的《六三法》和其延長問題，一再遭支持「內地法延長主義」的國會議員抨擊。殖民地的「委任立法」問題其實是日本藩閥、軍閥對抗議會、政黨的策略，因此必須在前者政治勢力消退後，日本的殖民地才可能從「武力統治」轉為「文化統治」。

## 二、日治後期地方分權「郡警一體」治安階段 （1920-1945）

地方分權「郡警一體」治安，嚴格說來，是從 1920 年 8 月起至 1937 年 7 月止，是屬地方分權「郡警一體」治安階段前期；但之後的進入戰爭動員體制治安亦延續郡警一體的治安，則是屬地方分權「郡警一體」治安階段後期。

日治後期地方分權「郡警一體」治安階段，軍人武官總督改派文官總督，地方警察權限的自主權較以往增加，普通行政業務

也改由文官系統處理，但是州知事還是有權指揮地方警察。1920年以前臺灣在「警察政治」的氛圍下，警察與地方行政實為一體兩面。

## （一）地方分權「郡警一體」治安階段前期

1920 年 10 月，總督府宣稱為順應時勢及臺灣人的實況，乃改革地方制度，於是改廳為州，廢支廳，設郡、市，廢區、堡、里、澳、鄉改設街庄。將臺灣西部 10 廳廢除，改設臺北、新竹、臺中、臺南、高雄等五州，東部的臺東、花蓮港廳仍保留舊制；州、廳之下共設 47 郡、3 市、5 支廳、260 街庄、18 區等，開啟所謂「準地方自治制度」。

田健治郎以首任文人執政，強調臺灣人民的自治，修改《六三法》，以日本法律第三號稱之的《法三號》公佈，其內容：第一條、日本法律全部或部分，須引用於臺灣時，以敕令定之；第二條、須引用法律而無適當法律之規定，或難依前條規定辦理時，得仍依總督命令規定之；第三條、前條總督之命令，因應主管大臣奉敕准而公佈；第四條、如遇緊急事項，總督得不依前條之規定，而依第二條逕先發布命令，便宜行事，但須呈經敕准。如不獲敕准，須公佈該命令即刻失效；第五條、臺灣總督發布之命令，不得與敕令衝突；第六條、此法律自實行日起滿三年即失效。

依據《法三號》開始實施的地方分權體制，總督府乃大唱「內臺一體」及「內地延長主義」，並創設代表民意之「臺灣總督府評議會」，以為臺灣總督府的諮詢機關。1921 年 6 月，公

佈〈評議會官制〉，以會長一人（總督兼）副會長一人（民政長官兼）及會員二十五人組織之，承受總督的指揮監督，會員中九人為指定的臺灣人，惟被指定的臺灣人卻被譏諷為「御用紳士」。

因此，導致 1921 年發生「臺灣議會設置請願運動」和「臺灣文化協會」等臺灣人為爭取較高地位的一連串政治性活動。嗣後，臺灣議會設置請願亦逐漸轉成的臺灣民族運動，尤其是到了 1927 年，由於部分左翼民族主義者不贊同無產階級路線，蔣渭水、林獻堂、蔡培火等人因而退出「臺灣文化協會」。

1921 年到 1934 年為止，臺灣議會設置請願運動每年不斷的向日本帝國議會提出〈臺灣議會設置請願書〉，總計 15 次，簽名人數高達 18,528 人。雖然該運動自肇始以來即屢以「不列入議程」、「不接受審理」或「審議不通過」為由遭議會打壓，但是運動發起諸人始終不放棄，每年往返臺日之間，進行勸說、連署或遊說請託日本議員與官員等工作。

地方分權體制治安的發生「治警事件」。1900 年，日本實施《治安警察法》，蔣渭水等人向臺北警察署提出「臺灣議會期成同盟會」的結社申請，在遭受拒後，即改在東京重新成立，導致臺灣「臺灣議會期成同盟會」會員，被依 1923 年實施於臺灣的《治安警察法》逮捕。1925 年 2 月，三審宣判，蔣渭水、蔡培火被判刑四個月，陳逢源等被判刑三個月，史稱「治警事件」。

1925 年，日本內地為取締反對日本天皇制與私有財產制的活動，通過《治安維持法》，同年在臺灣實施，以防範政治性犯罪活動。蔣渭水等人為了規避 1925 年實施的《治安維持法》，

於是先組織「臺灣民黨」，再過渡組成以確立民本政治為其三大綱領之一的臺灣第一個合法政黨「臺灣民眾黨」，並在蔣渭水等人的領導下主張民族自決。

因而導致主張殖民地自治的林獻堂、蔡培火等人於 1930 年 8 月另組「臺灣地方自治聯盟」，其中民眾黨員加入者為數不少。「臺灣民眾黨」亦因與「工友總聯盟」走得比較接近，遂逐漸為左翼份子把持，並公開鼓勵階級運動。1931 年 2 月，總督府遂以該黨違反《治安警察法》，強迫其解散。

1928 年，總督府為因應地方分權政府警政治安議題，特別是防範共產主義與民族自決思想，開始增設「臺灣特高」的思想警察，負責集會結社與出版事務、取締危險思想等，加強對臺灣人的思想和行動的控制，還將結社類別分為政治性結社與非政治性結社、祕密結社、違反《治安維持法》的結社，但在 1930 年，仍然發生原住民激烈抗爭的「霧社事件」。

「霧社事件」的發生除了是勞役剝削，舉凡建築、修繕工事，勞役即使有償，亦遠低於應得，且勞役過重；加上，警方帳目不清，引起不滿而爆發的因素之外。主要還是原住民與日本警察「內緣妻」的政略聯姻方式，所導致原住民部落的極度不滿而爆發。加上，溯自 1928 年 4 月，成立「臺灣共產黨」，發展到了 1931 年以後已逐漸掌控了「臺灣文化協會」的主導權。

同時，「臺灣共產黨」藉由「農民組合」、「臺灣文化協會」內部成員組成的「臺灣赤色救援會」，在與年底同「臺灣文化協會」幹部遭到舉發後，實際的影響力已大大被削弱。

1935 年，臺灣人雖然首度爭取到象徵性地方選舉的行使投票權，「臺灣地方自治聯盟」推薦的候選人也有人當選，但是這

樣半數官選、半數由市會及街協議會員間接選舉的有限選舉制度，實在與「臺灣地方自治聯盟」所訴求的改革運動相去甚遠。「臺灣地方自治聯盟」也在 1936 年 5 月，發生「祖國事件」後，林獻堂、楊肇嘉先後避難東京，「臺灣地方自治聯盟」亦在是年 8 月召開的第四次全島大會宣布解散。

## （二）地方分權「郡警一體」治安階段後期

戰時動員的治安是從 1937 年 7 月起至 1945 年 10 月止。總督府推行南進政策即於 1937 年 7 月 7 日盧溝橋戰役起，臺灣的政治與軍事地位提高了，可為從邊陲地區進入半邊陲地區，從純粹被剝削調整為既受日本剝削又剝削別地，成為日本向東南亞擴張的一個基地。所以，日本為在臺策應進攻大陸，強化外交，加設華南調查局及南方協會，並改制地方行政，建設高雄港工程，以及調遣海軍、增建機場等各項軍事設施，完成戰時動員體制。

1940 年 11 月，海軍大將長谷川清繼任總督，時正準備發動太平洋戰爭；1942、1943 年分別公佈陸海軍特別志願兵制，徵用臺灣人達 20 萬，赴中國戰場協助日軍作戰；提倡皇民奉公運動，強迫臺胞擔任後勤支援。

1944 年，日本太平洋戰線失利，臺灣形勢更為險惡，導致長谷川清的政治地位不穩，加上臺灣軍司令官安藤利吉的策動內閣，准其自兼臺灣總督，復行軍政，增徵臺灣青年入伍，從全臺各地調遣海陸空軍加強內外防備；1944 年，美空軍開始轟炸基隆、高雄等要港，航路幾乎中斷，工廠大部分停工，社會秩序不安。

　　日本進入戰時動員體制之後，更是強調戰時警察的功能，亦即戰時警察工作除了治安之外，還要執行各種經濟統制、經濟情報的搜集和特殊物質的配給，對於戰時統制經濟的秩序也更加嚴密。

　　1939 年，更因為戰爭需要在總督府分設防空課與兵事課，各種重要戰時的措施完全由警察掌握。1945 年 8 月，日本宣佈投降後，戰時增設的兵事、防空、防空措施等單位被取消，而增設了等待中國接收的調查與警備課。

　　戰時動員體制治安面對逐漸形成高漲的「臺灣意識」，透過增設特高警察的取締思想犯，對於接二連三地涉嫌叛亂事件，如 1941 年發生的「東港事件」、1944 年發生「瑞芳事件」、「蘇澳事件」等，對於相關的關係人予以酷刑逼供，冤死監獄者比比皆是。從 1941 年 11 月起，至 1945 年 4 月止，一共起訴 200 多人，其中包括議員、律師、醫生、地方士紳，乃至販夫走卒。

　　承上所論，日治時期軍國主義治安不論是中央集權、地方分權，和戰爭動員的體制都凸顯在日治之初，總督府即為解決治安而實施〈保甲條例〉，並制定《聯庄規約》的聯庄自衛方式，總督府亦從聯合庄中推舉壯丁為警吏，在適當場所並設立警察官臨時出差所，令其監督、指揮村民與警吏，作為警察體系的輔助利器，因而形成臺灣特有的警察和保甲兩輪運作機制。

　　保甲機制也成為警察掌握地方行政的有利工具，愈是基層行政區，警察與行政結合的程度愈高，與臺灣人民的接觸就越密切，因此，治安的重點不僅在行政，更是強調社會的控制力，保甲制度一直實施到 1945 年日本戰敗才廢除。

## 三、臺灣治安史的保甲制度分析

臺灣治安史的保甲制度，最早實施的時間可以溯自 1624 年荷蘭東印度公司的治臺時期，其間歷經明鄭東寧王國（1662-1683）、大清國時期（1683-1895），乃延續到日治臺灣，一直到 1945 年二次世界大戰日本戰敗，廢止「保甲法」，才正式宣告保甲制度的結束。

檢視荷蘭東印度公司代表荷蘭聯邦共和國的統治臺灣期間，為了獎勵農業生產，以有效管理由大陸招來的農民，特依循中國社會傳統的「結首制」管理模式，合數十個人為一結，選一人為首，名「小結首」；數十「小結首」選一人，名「大結首」。

「結首制」亦有非荷蘭時代保甲制度的說法。所謂「蘭人結首」，乃是指噶瑪蘭（宜蘭）地方的墾殖型態。這種基層組織的「大、小結首制」，可以追溯自 11 世紀中國宋代時期的保甲法，和 14 世紀明代的縉紳階級制的演變而成。

1380 年，明洪武帝在廢宰相胡惟庸後的第二年，開始全面推行「里甲制度」。以十家為保，五保為一大保，十大保為一都保。保、大保及都保，皆設有首長，選主戶有幹勁能力及眾所信服者擔任。家有二丁，選一人充作保丁，授以弓弩，教以戰陣。遇戰出征，承平歸田，此為「寓兵於農」政策的濫觴。

大明帝國縉紳階級制的形成，始於太祖以「大戶」為糧食，掌其鄉之賦稅，多或至 10 餘萬石，運糧至京，得朝見天子，洪武中或以人才授官。「大戶」的社會地位，自高出平民一等，成為縉紳階級。太祖不但令「大戶」為糧長，同時令天下州縣，選年高有德，眾所信服者，使勸民為善，鄉閭爭訟，亦使理斷。

　　因此，「結首制」的基層治安系統不僅是擁有軍事領導權，而且授予行政（含司法、警察等）權。這是東印度公司「亦法亦警」的角色，其與授予「大結首」、「小結首」與佃農之間權力層級的關係，並掌握人口數，用以 1640 年開始徵收的「人頭稅」或稱之為「居留許可稅」。雖然早期的居留許可制度並非用以徵收稅款，而是要監控其生活，以維護社會治安。

　　1644 年、1645 年，荷蘭當局兩次出兵攻擊大肚王國的村社之後，加上漢人抱怨為徵收人頭稅，所實施由士兵負責盤查的臨檢制度，儘管後來修正只有公司官員和人頭稅稽徵員，才有權力進行臨檢。因而，他們會特別在脖子上配戴特定的紋章，以便讓人指認，但是反對這種制度的聲音仍未平息。

　　1652 年，終於爆發漢人郭懷一的抗爭事件。此後，公司政府為了加強管制漢人的活動，更是透過「結首制」的社會網絡，並以「甲必沙」（Cabessa）稱呼他們，以嚴密維護治安工作。

　　荷蘭治臺時期的「甲必沙制度」，與明清時期中國本土發源於賦役的「里甲」，或協助治安的「保甲」非常雷同。在中國傳統社會，每百家會有十個家長負擔起徵稅和守望治安的責任。正如同在中國的情況一樣，本地的甲必沙也是由社區公推共舉的。雖然如此，公司政府仍然有權將甲必沙自其職位上解職。荷蘭東印度公司派駐臺灣的長官，與地方性民政官主要任務是負責治安和課稅的任務。

　　臺灣保甲制度發展，到了明鄭東寧王國時期，地方治安主要受到鄭成功出兵來臺，雖擊敗荷蘭當局，但其政權的行政中心仍設於廈門的影響。1664 年，鄭經主政在退守臺灣之後，才正式將權力重心遷移過來。

　　鄭成功主政除了改臺灣為東都，並將熱蘭遮城（Zeelandia,俗稱赤崁城）改為安平鎮，普羅文遮城（Provintia, 俗稱赤崁樓）為承天府之外，同時將臺灣南部已開發的地區，在北部設為天興縣（即今嘉義），南部設為萬年縣（即今鳳山），澎湖則設安撫司。

　　鄭經主政除將東都改為東寧外，並將天興、萬年兩縣改為州，同時設安撫司於南北路及澎湖，並仿明制設立吏、戶、禮、兵、刑、工六部。明朝治安制度主要包括了：

　　第一、地方治安：地方行政長官，在省級設有三司，其都指揮使掌軍事、布政使掌行政、按察使掌司法，遇有報到賊情，三司分巡分守；在府州縣設有專職捕盜官，在府稱捕盜通判、補盜同知；在各府州縣關津要害處設巡檢司，掌驗往來文引，追緝販私鹽、逃軍、逃囚等事。

　　第二、基層治安體系分設有：1.設有里甲制度，以一百十戶為一里，推丁糧多者十戶為長，餘百戶為十甲，甲凡十人，歲役里長一人、甲首一人，董一里一甲之事，輪值擔任，以丁糧多寡為序，凡十年一周曰「排年」，除徵賦役外，兼管流民，維持治安。

　　2.保甲或十家（戶）牌組織，每十家（戶）立一牌冊，載明人口田糧，並令記載平日為惡不良之人，交予官府列管，如能改善，十家（戶）共保，可以除名，境內發生竊盜等事，即令此輩自行換組，因此十戶為一牌，十牌為一甲，十甲為一保，選有保長，專司防禦盜匪。

　　3.民壯與鄉兵，民壯由地方官府招募的民間武力團體，專補盜賊，邊境地區或稱為「士兵」；鄉兵由地方官府隨各地風土所

長招募，用於鄉里自衛，守望相助以禦盜匪。

　　鄭氏受封東寧的王權體制，實施所謂「王即是法律」的治安制度。鄭經分都中為四坊，曰東安、曰西定、曰南寧、曰鎮北。坊置簽首，理民事，制鄙為三十四里，置總理。里有社。十戶為牌，牌有長，十牌為甲，甲有首，十甲為保，保有長。理戶籍之事。

　　凡人民之遷徙、職業、婚嫁、生死，均報於總理。仲春之月，總理彙報於官，考其善惡，信其賞罰，勸農工，禁淫賭，計丁庸，嚴盜賊，而又訓之以詩書，申之以禮義，範之以刑法，勵之以忠敬，故民皆有勇知方。此鄭氏鄉治之效也。

　　比較荷蘭與東寧統治臺灣時期的治安制度，就當時漢人而言，在防範竊盜、海上安全、管制武器、禁賭、禁酒、改建石屋以及限制砍伐鄰近森林以利來往船隻補給，並設衡量所，規定市場內秤量以交易等等，與大明帝國沿海城市的情況並無都大區別。

　　漢人居民可以很容易的認為這是當地治理者，為維護治安的命令而予以遵守；漢人居民不必然將此類措施，當成是應由法律保障的「法定權利」，而可能認為這是統治者應當承擔的道義責任。這也凸顯荷治時期公司政府的治安制度是偏重「亦法亦警」；而明鄭東寧時期王權政府的治安制度則是偏重「亦兵亦警」的角色。

　　清治臺灣時期的保甲制度，基本上清政權結構是以編入八旗制的滿漢組合，就中央的六部採雙首長制，滿漢尚書各一人，地方通常見是由一位滿人總督兼轄兩省，而兩省總攬民軍政的巡撫為漢人。

　　對於統治臺灣的職官體系，在 1885 年臺灣未建省以前，臺灣隸屬福建巡撫下的「臺廈兵備道」（道台）管轄。臺廈兵備道是臺灣地方最高的文官，以保境安民（按司獄）為其職責，有事可命臺灣鎮台（總兵）的軍隊彈壓地方，並可節制所轄境內副將、參將、遊擊、都司、守備、千總、把總等武職。

　　在班兵制中，臺灣兵雖得拔補千總、把總，但數目受到嚴格限制。臺廈兵備道加按察使銜，能與臺灣鎮台（總兵）共同來進行擔任審判官，刑案審判地點在臺灣鎮署，奏事時鎮台居前，兵備道在後，決囚的位置亦如是。處決囚犯時，鎮有王命，故鎮在審判時居重要的角色。至於流刑以上，才轉到福建按察使來進行審判事宜。

　　臺灣道（台）下轄府，有知府，設同知、通判。知府的設同知職權有二：一為知府的佐貳官，二為派出專管地方的同知。通判亦與同知負責相同職務。其主要工作為：掌警察事務、掌供給軍糧、掌河海防禦事務、掌鎮撫蠻夷事務。

　　臺灣府下轄縣、巡檢、州、廳級行政單位。縣有知縣，設縣丞掌一縣治理，集所有行政、財政、司法、治安、教化等權責於一身，地方一有暴亂發生，即須負責鎮壓與守衛的責任。

　　惟直接與地方人民接觸，實際處理最基層的行政及司法事務者，在衙內係胥吏和差役，在衙外為地保。亦即將廳、縣城外地方，劃分為里或堡（曾文溪以南稱里，以北稱堡），各命差役分擔該管里堡分（即所謂「對保差役」），又派地保常駐於里堡為官之耳目、手足，此等人為地方警察；另設管事以經理賦稅及夫役。

　　地保本質上係駐鄉警察，主要職務包括：受投、傳訊、捕

犯、看管及保候審理、押放及押還、諭止、勘驗、相驗、巡查、執行、管束等治安工作。由於地保因住在街庄之故，官責成其轄區內治安事務。故實際上，地保不但干預司法、治安警察的事務，而且亦干預地方自治的事務。

　　然而，大清政府的採消極理臺政策，就是要在以防堵為前提的策略下，為了避免臺灣出現重大的反亂，除了制定嚴厲禁令限制漢人來臺外，同時還採取：不允許在臺居民深入山地，以避免番漢衝突和漢人入山作亂；鐵器管制；不許臺灣建築城垣；設置班兵制度，不在當地招募久住，而採由福建綠營抽調而來，三年更換一次；官吏駐臺三年，任滿即調離，而且早期還規定家眷必須留在中國大陸，使其在臺不敢有貳心。

　　大清政府對臺灣長期所持消極政策，不僅北京的朝廷，即就近福州的閩省當局，對臺灣的實際情形都不甚了解。對於行政組織的調整，不是在與臺灣內部發生重大事件，就是在臺灣受外力侵擾的被動之下，設官治理，凸顯了國防與治安因素是中央政府考慮是否調整臺灣行政區劃分的重要關鍵，其次才是開發程度與財政收入的考量。

　　日人伊能嘉矩指出，臺灣的地方自治區劃，分為第一：里、堡、鄉、澳；第二：街、庄、鄉兩種。里、堡、鄉、澳，係指包括一以上至數十街庄或鄉的名稱；街係指人家稠密的街市，庄係指以街為核心的村落，鄉則特別指於澎湖合稱街庄的名稱。

　　清治與地方治安制度相輔相成的基層治安體系，即是沿續明鄭治臺灣時期的鄉治制度，乃於各街庄設置總理、董事、莊正、莊副等鄉治幹部。鄉治中地位最重要的「總理」一職，因其不僅由地方紳耆推選而出，本即具有聲望，且經過地方官的訊驗，認

為適任，而後予以核准，並發給諭帖與戳記，諭帖即為其職位與權力的憑證，戳記即為其行文印信。

至於其職務：第一、是屬於民治者部分。1.約束及教化街庄之民，取締不肖之徒，對不聽約束者加以懲罰；2.維持境內治安，監視外來的可疑人物，捕拿盜匪，且因此而團練壯丁，必要時並聯合相近里堡團練；3.接受人民投訴爭執而予以排解；4.稟請董事、街庄正、墾戶、隘首等鄉職的充任與斥革；5.建造寺廟，開路造橋，設義塾、義冢、義渡、義倉；6.或其他公共之社會福利事業。

第二、屬於官治者部分。1.官署諭告的傳達；2.公課的催徵；3.保甲組織及戶口普查；4.清莊聯甲，團練壯丁，分派公差；5.路屍報處；6.命案、盜案及民刑案情的稟報，人犯追捕等等。

承上述，臺灣鄉治的基層治安體系，特別是「勵行保甲，組織團練」的兩項措施，期以「聯保甲以彌盜賊」達成地方上守望相助的治安工作。保甲制度是一項源於民間地方性的組織，但經過宋朝王安石的提倡而推廣成國家的官僚統治組織，再運用到鄉村地區時，變成為一個非常機械化的官僚統治系統。

日人織田萬指出，保甲的職務，分為警察、戶籍、收稅三件，就中以警察業務最為繁重。夫戶籍事務，唯附隨於警察及收稅二項而行。蓋嚴查戶口，固便於糾察盜賊奸宄，並得按戶催科，收稅無遺漏也。

而徵地收稅，亦多係州縣衙門胥役管理，故一保甲內有滯納者，保甲則不過負共同責任；有時上諭免一地方保甲收稅事務者，當知此職務之不足重耳。由是觀之，保甲制度之主要在於警

察一事，不亦明乎！檢視保甲制度雖在臺灣亦於鄭氏時期即已設立，本係官為治安目的而設。這正說明了保甲制度與地方性警察業務之間的關係。

檢視大清治理臺灣時期實施的保甲制度，在清治乾隆（1795年）以前的臺灣地區，也只是有名無實的一項官僚統治組織，亦非自然形成的自然團體，且官虛應故事，故其組織極為散漫。

但自 1821 年道光年間以後，臺灣土地幾乎已開發完竣，而由內地渡臺者陸續不已，民因無業可執而淪為「羅漢腳」（遊民），他們為飢寒所迫，或煽惑族群與分類械鬥。同時海防逐漸受到英、法及日本的侵略而情勢吃緊，必須肅清所謂「內奸」，於是官令街庄辦理「清庄」以管束遊民。

由於清庄並非是治理盜犯的根本辦法，且實際上官民均虛應故事；又清庄僅肅清內奸，不能防備外賊，加上已實施的保甲制未能收到實際治理盜犯的效果，於是官命街庄大舉辦理「清庄聯甲」政策。因此，保甲制度滲入聯庄及團練之內，其固有機能已不易顯見。

從滿清政府越要掌握漢人社會的控制權，就越需要依賴保甲制度。1874 年，在沈葆楨的籌議下，當時臺灣府治重新編制保甲，成為一種官民混合的治安制度，在府城內設保甲局，城外設保甲分局，其委員均由雜職吏役後補者充任，其任期本來不定，但分局委員以四個月為期，互相交替。

臺灣建省後，劉銘傳決定先行編審保甲，為清理田賦做準備，並設保甲總局於台北城內，以維持此一制度。然而，戴炎輝指出，清治保甲制的作用僅止於編查戶口，並未能成為實質運作的組織體，充分地來發揮維持地方治安的機能，徒具保甲制之

名。

史景遷（Jonathan D. Spence）亦指出，清代的司法制度雖因地方採行保甲制度而獲得強化，但由於地方官每每視保甲職員同僕役，致稍有身家者，在許多地方，沒有人願意出任工作繁雜又具危險性的保甲長，保甲制度已形同虛設。

但是保甲制度所體現出來的概念，亦即在社群中所有成員，人人須為善良的社會秩序負責，和罪犯的鄰居朋友都須連帶受罰。換句話說，保甲制度是在強調其對鄉村社會的分化效果，使保甲之頭人成為政府執行治安的工具，而非為地方利益的代表，所以自然要將此項機械化的制度，加之於原來固有的社會組織上，形成雙軌制。

至於團練制度，係聯庄組織內之另一種組織。源起自於明代戚繼光提倡，繼而打敗日本海盜。臺灣辦理團練，應溯自始於康熙 60 年（1721）的「朱一貴事件」平定以後，為急於訓練鄉壯，連絡村社，以補兵防之所不周。家家戶戶，無事皆農，有事皆兵，使盜賊無容身之地。

乾隆 51 年（1786），林爽文之變，郡治戒嚴，各鄉多辦團練，出義民，以資戰守。但此僅為一時權宜措施，後即撤裁。同治元年（1862）戴潮春起事前，亦曾糾集紳商籌議保安總局，舉辦團練。同治 13 年（1874），日軍侵臺，乃再設臺灣府團練總局，統率各地方分局，辦理團練，以備不虞。

換言之，團練並非常設組織，多僅以應付戰亂而舉辦，事平之後則自然中止運作。在官府立場，雖對兵防不周及治盜有所裨益。但政府官員仍懷戒心，必須防其被利用於反抗政府，分類械鬥或武斷鄉曲，又須預防執事人藉以苛斂庄民。從民間立場，既

須服役，又須捐費；自不甚踴躍，陽奉陰違。團練自道光以後，與清庄、聯庄及保甲，居於不即不離的關係。

臺灣自道光 20 年（1840）的鴉片戰爭之一役，至光緒 20 年（1894）的甲午之役，共舉辦過 6 次團練。臺灣團練這一民兵組織的最大貢獻，就是協助官軍的綠營平定了朱一貴、林爽文和戴潮春等三次，滿清統治臺灣期間較大規模的民變。

「朱一貴事件」雖旋即平定，但如何有效維持臺灣的安定，卻是一個複雜的問題，大清政府經過幾番討論，決定將幾個臺灣的縣進一步細分，以強化控制，也允許先前赴臺墾荒內地官民的妻小能渡海與家人團聚，以求社會穩定。

同時也同意漢人得向臺灣的原住民訂約承租地，也為臺灣的原住民劃定若干保留區。「林爽文事件」與天地會的會黨份子有關，「戴潮春事件」的發生除了他哥哥組織八卦會以外，亦是與清政府查緝會黨有關。

分析當時臺灣治安問題，除了番患、盜賊、民變問題之外，另一個影響治安因素的就是社會族群與分類械鬥。臺灣在皇權體制下的民間組織與活動，大都只是同鄉、同宗等聯誼性質，比較不具強烈的政治意識，甚至屬於經濟性的組織與活動也不是很多。

中國歷史上早期的貴族階級和後期世族大姓，的確具有龐大的組織力量，足以與政府體系相抗衡，但這些人的利益都建立在政治權貴的特權上，不僅不會對抗政府，而都只是會為維護自己政經利益的與政府官僚體系相結合，把政府權力視為獲得私人利益的工具。

農民抗爭有時也可以發揮摧毀政權的力量。檢視過去歷次王

朝革命，最後幾乎都依賴農民參加，而扮演後代推翻前代王朝的角色出現，但這種凝聚農民力量所產生的結果，總是為投機份子所利用，等到新政權建立，如果經濟未能成長，農民仍然淪為被統治、被剝削的對象，其經濟生活獲得改善的機會極其有限。

由於移民性格的強悍，加上時常發生的官逼民反事件。臺灣住民反清與民間械鬥事件，不但阻礙政治安定，更影響產業發展的勞動人力，及嚴重破壞地方秩序，致使臺灣社會停滯在落後的暴民階段。也因為臺灣移民的多樣性與族群特性，民間族群與分類械鬥起因於狹隘村社組織的地區觀念，其所形成開墾地和水源使用權的問題，亦即為了生存空間與經濟上利益的衝突。

統計清治時期共有 28 次的民間械鬥發生，平均每八年就有一次，這僅是史上有明確記載的大械鬥。因此，政府未能有效阻止械鬥的發生，除了凸顯社會治安不好之外，亦印證臺灣長期以來政經發展的受制於大陸因素。

從臺灣民間械鬥在對象的分類上，可細分為：1.閩、粵的省對省械鬥，2.漳、泉的府對府械鬥，3.同安、晉江、惠安、南安的縣對縣械鬥，4.廖、李、鍾的姓對姓械鬥，5.樂器及祀祭不同的西皮福祿械鬥，6.為水利墾地灌溉及爭地的部落對部落械鬥，7.為商業利益的頂廈郊拚械鬥等。

械鬥不僅是族群的紛爭，最後其鄉里或姓氏不同者也都捲入，其為私利而鬥的不和情況相當嚴重，造成民變迭起、匪徒蜂起的社會秩序大亂。

鄉治之外的另一基層治安體系，是凸顯在臺灣早期移墾農業發展，清治政府一方面要防堵大陸人民渡臺，一方面卻允許在臺流民開墾的兩難治臺政策。對於當時移民來臺所實施的「墾首

制」，亦即透過墾戶及隘首在地方治安扮演的重要角色。

「墾首制」的墾戶及隘首挾其較多的資金和地方勢力，得到官方的從中協助與保護，不但可以割據一方的形同小諸侯，也都擁有官府賦予墾戶治安的義務與責任。墾戶對其墾佃不但坐收租權，而且更具備替官府執行監督的權力，形成對外可以防番，和對內的如同握有警察權。

墾戶也是官府徵稅的汲取和攏絡對象，因而無形中的仰仗官威，把持權勢和維護利益。「墾首制」的開墾組織儼然已經是一種社會制度，墾戶與佃戶的關係有一部分已超出純粹土地租佃的經濟關係，而具有行政和司法的主從關係。

墾地雖屬民業，但不僅帶有開疆責任，而且墾區內的警察（戒）事務，隘防、汛防等原屬地方政府執行的事權，也一併委任墾首團體，隸屬官府的監督。墾戶（大租戶）設隘，係為取得產權或抽收隘糧大租；隘首冒險充任，乃為收取隘糧。惟墾戶、隘首仍由官府指揮和監督。蓋墾戶與隘首各負責防番，同時亦約束界內佃戶及隘丁，又須防範匪徒潛藏界內，或侵入番界的任務。

1860 年（咸豐 10 年），臺灣開放港口對外貿易，與西方列強的接觸頻繁，糾紛易起，地方官的業務，遂於傳統已久的刑名、錢穀等以外，增加了因通商與傳教而新起的涉外事務。刑名問題就是重賞陸師使其擔當剿捕洋盜責任，近似現在的外事警察。

對外港口通商的結果，不但有助於英美等國家外商資本與本土商人為主的「行郊」結合，郊商亦扮演協助政府維護地方治安和抵禦外侮。行會基於熱心公益和照顧自家利益的動機，行會就

在容易發生火災的城鎮裡設有防火的瞭望台和消防隊，在當地港口則設置救生船，這一民間性質組織所扮演的卻是現代港警和消防警察功能。

諸如郊商的協助政府抵抗蔡牽之亂。1800 年（嘉慶 5年），蔡牽集結了浙江、福建、廣東、臺灣等海域進行海盜活動，只要海船的船主從蔡牽購買「免劫票」，蔡牽就「打票」不襲擊。蔡牽武裝船隊的縱橫東南海上，清政府全力展開圍剿，迫使蔡牽船隊不得不長年漂泊海上，致其發生物資補給的困難。

蔡牽認為臺灣盛產米，可以足食；有故舊好友在臺灣島上，便於立足和照料；加上，臺灣從康熙以來 160 年間，先後爆發了林球、朱一貴、吳德、林爽文、陳周金、吳淮泗和陳錫宗等人發動，與領導 10 多次的反清武裝抗爭，地方上已經具備有反清的基礎，是理想的海上根據地。

1800 年（嘉慶 5 年）、1804 年（嘉慶 9 年），蔡牽分別率領船隊抵達臺灣，並稱有「王號計畫」。1805 年（嘉慶 10年），蔡牽自封「鎮海威武王」、朱濆稱「海南王」，設職封官，揭櫫「恢復漢基」的口號，聲勢浩大。蔡牽、朱濆頗有效法鄭芝龍、鄭成功和鄭經祖孫三代經營臺灣之勢，臺灣官府為挽救危局，聯合紳士和三郊富商，組織武裝，加強防禦。

1806 年（嘉慶 11 年），蔡牽船隊駛抵蛤仔難（今噶瑪蘭）蘇澳港，派人與吳化等頭人「通謀共墾」，遭吳化率鄉勇聯合官兵抗拒，朱濆接續蔡牽開發蛤仔難，結交潘賢文、李祐等人，以及各社高山族人共同拓殖東勢地區。蔡牽船隊由於受制於王得祿率軍攻擊。蔡牽船隊撤離臺灣，返航福建。

1809 年（嘉慶 14 年），王得祿會集水師，聯合進攻蔡牽船

隻，蔡牽戰力不支，乃首尾舉炮轟其自身船隻的沉海而死。同年，朱濆死去，其弟朱渥率領其屬集團歸順大清朝廷。

1884 年（光緒 10 年），法軍進攻基隆，1885 年（光緒 11 年），派艦佔領澎湖，益發清政府對臺灣防務的重視，旋即於閩海地區實施戒嚴。由於臺灣缺乏水師戰船，只能改以陸師為主的鄉勇策略，並由林維源擔任全臺團練大臣，但主力的綠營軍仍未完全裁撤，主要是分布在塘汛，在隄岸附近駐防武職人員，其性質猶如現在的水上警察。

劉銘傳推動臺灣近代化時期，強調安定秩序、整理財政，充實國防的三大主要政策。安定秩序是對內治安，充實國防是對外防務，正凸顯清政府消極理臺政策，其所衍生較複雜而難以有效解決的治安問題。

1895 年，大清政府將臺灣、澎湖割讓給日本統治之後，臺灣的保甲制度隨著政經體制和警察關係的演變，又進入另一個新時期。

近代日本警察制度發展，追溯 1860 年代末期，日本開始的維新運動，凸顯因應工業社會所需要的新組織或機構，促使日本在警察制度上積極模仿歐陸警察的建制模式，擔負社會重要的治安工作。

特別是針對一般地方行政工作，諸如建築、衛生、商業、財稅等經常作出干預取締的處分。依其業務成立的消防警察、經濟警察、高等（政治）警察、特高（思想）警察、勞動警察、衛生警察、建築警察、水上警察等單位。這也正是日本殖民政府警察與帝國體制在臺灣的濫觴。因此，也將日治時期臺灣的警察制度稱之為「殖民治安」時期。

在兒玉、後藤時代，依靠以現代警察為中心的地方行政組織和舊有的保甲制度，整備了它的統治體制。前者作為以警察為中心的政治體制，自上而下地在臺灣殖民社會中紮下根；後者則被改編為相適應的治安機關的基層組織，發揮著它的作用，並被保存下來。這兩大系統，做為日本統治臺灣這塊殖民地的基幹，形成日本殖民政府治安政策的一大特色。

保甲是清代臺灣地方自衛組織，其任務在於協助政府防範盜罪及維護地方安寧。1895 年，日治臺灣之後，雖然利用原來的保甲制度，繼續維持保甲制度與地方治安的密切關係，但也明顯出現日治時期與清治時期的保甲有著一定程度上的差異。

兒玉、後藤採納辜顯榮建議，並參考清治時期在臺灣所實施的保甲制，制定《保甲條例》，作為警察體系的補助機關，其性質有如「自治警察」。加上，保甲幹部與基層警察幹部的人事交流，因而形成臺灣特有警察和保甲的一車兩輪運作機制。

《保甲條例》，規定每十戶為一甲、每十甲為一保，每個「甲」都設置「甲長」作為領導者；而「保」則設置「保正」，任期皆為兩年，為名譽性質的無給職工作。總督府准許保甲這方面是讓臺灣人民自行推選的，也就是說所有的保正和甲長，都是由管轄區域內的人民推舉出來的，未另外再設置事務所，而只在自宅處理保甲事務。

保甲任務：調查戶口，監視出入者；搜查土罪，預防傳染病；修橋鋪路，預防蟲。《保甲條例》中規定了「連坐責任」制度，藉以達到使人民互相監視的功效。例如：1901 年，樸仔腳支廳（今嘉義縣朴子市）遭到攻擊，相關的保甲成員皆被處以 1,400 日圓的罰金。保正、甲長也必須要肩負協助維持秩序、宣

傳政策、檢查環境衛生等內政事務。

　　隨著社會新秩序的建立和安定，保甲的功能轉向輔助基層行政工作，凡是民政、建設、交通、納稅等一般行政事務，也在其服務範圍內，總督府也利用保甲協助放足、斷髮、推廣日語等運動，可見保甲是總督府行政動員的重要工具，係無給職。

　　1906 年，總督府又從保正、甲長中挑出 17 歲至 40 歲的年壯青年，成立壯丁團，用來協助警察或防治天災。保甲、壯丁團經費由保甲內各戶負擔，總督府因此節省巨額的行政費。保甲制度與壯丁團施行時，對地方治安有顯著改善。

　　保設有「保正」，甲設有「甲長」，除採用形式上的「公選」產生之外，前者應獲州知事或廳長的認可；後者應獲郡守、支廳長或警察署長的認可，例如臺灣五大家族中的高雄陳中和曾被選為苓雅寮外 13 庄聯合保甲（局）長。保甲長職務都為榮譽職，應受各警察署長的指揮監督，並接受召集、訓練，從事維持保甲內部安寧的工作，並協助市街庄長執行職務。

　　保甲設壯丁團，由保甲的住民當中選拔 17 歲至 50 歲的男子為團員，其扮演的角色，係依總督府所頒的訓令及準則辦事，主要工作事項包括：戶口調查，轄區者出入的管制，風、水、火的防災與盜匪的安全警戒與保安林的保護，各種傳染病的預防，鴉片弊害的矯正，小型道路橋樑的修繕及維護，工作獎懲，經費預算、決算及稅賦徵收等等。

　　推動保甲工作所需經費，係採用自行負擔方式，以一戶平均一年徵收六角錢以下為限編列預算，經費支出項目主要以保甲的事務費用為主。保甲制度的實施對象只是針對平地臺灣人（漢民族），日本人及原住民並不包括在內。

兒玉總督採納辜顯榮的建議之後，指派辜顯榮邀集臺北仕紳組成保甲總局，並配合警察機關發給壯丁團武器，保甲制度到了1903年，全島共有4,815保、41,660甲、1,058壯丁團、134,613壯丁。怠忽處分的連坐制度的目，主要在於防止隱匿犯罪；另外鄰、里民若有違反規約受怠忽處分時，其他鄰里民須受連坐責任。

日治保甲制度不但延續清帝國在臺灣實施的基礎，而且全期全境在臺灣的實施殖民化統治，更是有利於臺灣殖民化經濟的推動。截至1943年底，總督府在臺灣設置保甲的數量已達6,074保（里）、58,378甲（鄰）。保甲制度一直到太平洋戰爭之後的改為警防團，亦隨著戰爭動員體制的瓦解才宣告正式走進歷史。

總結警察掌握了保甲機制，保甲成為警察掌握地方行政的有利工具。行政區越是基層，警察與行政結合的警政程度越高，與臺灣人民的接觸越密切，警察是與政府角色合一的警政，重點在控制、不在行政。

保甲制度與警政治安效果綿密地順利滲透到行政的基層，不但協助建立完整的警察體系，提高警察的執行力與公權力，也樹立與鞏固了警察的權威形象。

## 四、臺灣治安史隘制的設置與發展

臺灣隘制設置的實施可溯自1662年，南明鄭氏東寧王國創設屯田制時，即有「土牛」和「紅線」的措施。因此，番界設土牛線（界），防止生番逸出，不准漢人侵入。

　　清治臺灣乃仿傚土牛紅線的隘制設置。至今，臺灣地名在許
多地方尚留有稱為土牛庄、土城庄，就是當時土牛紅線所設置的
地區。

　　隘是一種武裝的防衛機關，隘有隘墾，以養隘丁，類如自給
自足的屯兵制度。設隘的原意在隔離番漢，但設隘後漢佃安全比
較有保障，於是「隘設墾隨」，墾戶接踵而至。表面上實施設隘
是為了墾殖，真正目的是以防番犯為名，行拓墾之實。隘制的實
施基本上，就是政府實施的一種隔離政策，隘制又被稱隘番制。

　　清治時期的隘制，主要以民隘為主，政府補助為輔。1722
年（康熙 61 年），大清政府在平定「朱一貴事件」以後，就開
始實施以豎石畫界，挖溝築土牛線，設立隘寮防番的措施。

　　1754 年（乾隆 19 年），福建總督喀爾吉善更要求臺灣地方
官吏，審慎運用熟番力量的參與官府日漸捉襟見肘的守邊任務，
飭令在生番出沒隘口多搭寮舍，撥派熟番防守。復於附近安設弁
兵監督，採用以熟番防備生番，以官兵牽制熟番，使不致互相勾
結為患的策略。

　　所謂「生番在內，漢民在外，熟番間隔於其中」，亦即保留
區、隘墾區，與漢墾區的三種交界區，這是最先出現在官方的紀
錄文件。然而，正式實施的時間，1768 年（乾隆 33 年），當淡
水廳同知段介的號召充任鄉勇，開始實施分隘防守，授予鄉勇首
的牌戳以為證明，並給發隘糧，此為臺灣實施隘制的開端。這階
段隘制的設置都以私設的小型民隘居多。

　　隘番改屯番、官民隘並存的政策，一直要到 1786 年（乾隆
51 年），爆發「林爽文事件」之後，政府發現隘寮鄉勇，或為
爭地與墾丁互鬥焚殺，或為私占番界，流弊頻生，且所置隘丁為

數不多。

隘寮內雖配置槍、刀、木鼓，或竹製鼓等武器，並委由隘丁負責偵查、聯絡，以及在守護犬的協助下確保線內安全。然而，隘丁卻未能發揮圍堵防禦生番的功能與效果，反常被有追殺的情勢發生，於是隘丁設置一度曾被撤除。

政府改從當時隨同討伐「林爽文事件」的熟番中挑選，配合守護邊界的民兵團來維持秩序。1790年（乾隆55年），發布屯番令，設番界官隘，所需經費概由政府支應，同時責成各隘首，督率隘丁，與營汛互為表裡，隘番遂被改為屯番。

換言之，臺灣隘制的整備完成，實隨同屯制的創始，尤其設置官隘，派撥屯弁、屯丁擔任警備，並以充公的隘田所收租銀支給屯餉，皆以此為起點。惟此僅限在特別緊要的地區，並非將所有的既設民隘全數改為官隘。官、民兩隘的交錯並存，亦為當時的實際狀況。

官隘為主、民隘為輔的政策，則是要到1822年（道光2年），政府在「林永春事件」之後，分別在噶瑪蘭廳沿山，和石碎崙（竹北一堡）各設官隘，實施隘田永為隘首的世襲事業。

1834年（道光14年），淡水廳金廣福墾民隘的組成，墾內隘防、汛防等一併委任管理，隸淡水同知監督。因此，隨著各業戶的墾務推展，民隘大興，隘制漸及南路恆春，官、民隘制乃進一步有了規模化發展。

但是隨著清中葉以後吏治風氣的敗壞，1886年（光緒12年），當劉銘傳考察隘制時，已出現許多有名無實的嚴重現象，劉銘傳乃廢止分為官隘、民隘的制度，傚採勇營制度，組織隘勇（官兵）新制配合屯兵，並裁撤各處隘首、墾戶、隘寮、隘丁。

　　至此，民隘大部分被調整為官隘，但仍繼續鼓勵舊有墾戶合股開墾，並令其募丁守隘，廣泰成合股即為一例。隘勇線成為可攻可守的設計，將隘勇組織分為統領、管帶、哨官、什長、隘勇，隘勇十人編為一隊，由什長統率，隘勇除移交綠營汛兵外，主要撥屯番補充，將各營分區配置。

　　1891 年，受到邵友濂消極治臺，行政業務緊縮的影響，隘制漸被廢弛，部分百姓不得不再自設私隘，以謀自衛。

　　1895 年（光緒 21 年、明治 28 年），日治臺灣時的統計資料顯示，清治臺灣所留下的隘數計有：隘寮 80 所（包括民設 5 所），隘丁 1,758 人（包括民隘 40 人），惟當時臺胞痛憤割臺，日治政府亦未暇顧及番地，致清代所留官隘概數被廢撤，但仍有中部部分業主為保護其自身企業，紛紛私設隘寮防守。

　　是年底計有：民隘 131 所，隘丁 568 人，其中特別是臺中縣林紹堂曾向日政府申請不予撤銷其配下的隘勇，准其以自費繼續維持。

　　1896 年，桂太郎、乃木希典先後擔任總督，日治政府則將林紹堂配下的隘勇隘丁撥歸臺中縣知事管轄，以充實番界的警備，並按月提撥補助金，此為日治臺灣正式承認隘勇制度之始。

　　隘制在原隘丁紛紛參與臺灣各地的抗日運動下，日治政府於是撤民隘改為官設，以熟番屯丁代替隘丁。1897 年，改革防番政策，組織番界警察，而於新竹縣及宜蘭廳下的番界或番界附近設置警察署分署派出所，並在其監督下新置警丁，錄用曾經擔任過隘勇、隘丁工作的經驗者，擔任防番、剿番及撫番的助理警察事務。

　　1899 年，兒玉源太郎設立樟腦局，製腦事業日漸興盛，出

入番地者漸眾，番害亦隨之頻繁，殖民政府遂擴充隘數，在臺北、臺中二縣，及宜蘭廳增設隘寮、隘勇、壯丁。

隔年，廢止臺北縣宜蘭廳下的警丁、樟腦局壯丁，改設隘勇，並增設臺中縣下的隘勇，形成民設而由政府補助者稱隘丁，官設隘者稱隘勇；同時制定「隘勇雇用規則」，責成其所屬警察指揮、監督。當時隘勇數計有：臺北縣 510 個，臺中縣 799 個，宜蘭廳 230 個，總計 1,539 個之多。

當時隘勇指揮監督雖屬警察職權，但在總督府的組織編屬殖產課，致使執行上缺乏效率和靈活調度，隘勇功能有名無實，殆與私設的隘丁無異，後來才在修正官制時，移交警察本署警務課掌管。

1902 年，日治政府修正「關於申請派置警員之規程」，增加得申請派置隘勇，並公布〈申請巡查巡查補及隘勇管理辦法〉，民間企業得自由申請派置隘勇，但其一切費用須自行負擔。政府同時撤廢以往對隘丁的補助費，全改官設，此為日治後隘制統一的初期。

1903 年，殖民政府訂定〈理番施政大綱〉，一面開發番地資源，一面闢進隘路，從消極的防守進為積極的主動討伐。1904 年，制訂〈隘勇線設置規程〉，規定隘勇線的警備機關為：隘勇監督所、隘勇監督分駐所、隘寮。

隘勇監督所派駐警部、警部補、巡查、巡查補、隘勇等；隘勇監督分駐所派駐巡查、巡查補、隘勇；隘寮則僅派駐隘勇，又監督所以下視其必要得設置隘勇伍長。另設「流隘」的流動警備措施，負責在隘勇線外，或無隘勇線設備的地點，保護生產樟腦業員工。

　　1906 年，佐久間左馬太上任，策定「五年理番計畫」，在警察本署內設置番務課，將原警務課掌管的隘勇業務移歸番務課，並出兵配合警察隘勇討伐宜蘭廳、桃園廳、新竹廳、臺中廳等原住民住地，開闢隘路，增設隘寮，並建造可行駛二軌台車道的隘勇線。

　　隔年，公布〈番地警察職務規程〉，同時廢止〈隘勇線設置規程〉。根據 1909 年統計：隘路遍佈全臺，最長達 138 公里餘。1914 年，因以電流鐵線網代替隘路，隘路漸次減少，加上以地雷包圍番界。所以，隘寮隘勇數銳減。加上，以後在番地設駐在所；1916 年，公布〈警手及隘勇規程〉，逐漸增加警手而裁減隘勇。1920 年，完全以警手取代隘勇，結束自 1768 年以來，長達 150 餘年的隘制。

　　承上述，可以歸納隘制的發展共分成初期、中期和晚期等三個時期。初期的隘制主要目的是為防範原住民下山滋擾，保護界內漢人開墾土地的安全。隘制亦即防番機關，而具有治安的功能。

　　然而，檢視當初墾戶設隘主要係為取得產權或抽收隘糧大租，而隘首冒險充任，乃為收取隘糧，惟墾戶、隘首仍受官方節制。因此，墾戶、隘首的稽查匪徒成為墾隘的次要任務，即因已有墾、有隘，官責成其辦理而已。

　　隘制發展到了中期，是在 1860 年代以後，由於墾務利益而開發內山的茶、樟腦、木材等經濟作物，隘制成為保護在界外從事墾務的田寮、茶寮、腦寮，及出入番界的安全。

　　晚期的隘制，是在 1895 年進入日本統治臺灣，隘制的存在目的已不僅於保護番界的經濟利益和事業安全，而已經演變成為

討伐原住民的前線兵哨，至其完全壓制生番，並在山中村社普遍設置警察駐在所之後，隘制的任務才正式走入歷史。

臺灣隘制初期，以開墾土地為主的治安與族群關係（1768-1860）。土地開墾是臺灣史研究的重要內容，主要涉及土地所有權、租佃關係、開墾組織、族群衝突、人口流動等等諸多問題。

1683 年（康熙 22 年），清政府開始統治臺灣，採取的是滿、漢族共治的皇權體制，對於臺灣有關的反抗清政府事件，主要係採取安撫和保護政策的雙管齊下。除非萬不得已，不輕易用兵進行武力的圍剿策略。

但仍發生重要的武力圍剿行動，主要出現康熙（1662-1721）、雍正（1722-1735），及光緒（1875-1908）的三位皇帝統治期間。其餘乾隆（1736-1795）、嘉慶（1796-1820）、道光（1821-1850）、咸豐（1851-1861）、同治（1862-1874）五朝的約 130 年間，殆無用兵之舉。究其原因，並非係因為漢人抗爭事件平息，或原住民族（生番）日漸順服，而係因清政府採取的消極政策所致。

發生在清治臺灣之初，到 1768 年（乾隆 33 年），累計漢人主要的抗清事件有：1696 年（康熙 35 年）的吳球、1701 年（康熙 40 年）的劉却、1721 年（康熙 61 年）的朱一貴、1732 年（雍正 10 年）的吳福生、1767 年（乾隆 32 年）的黃教等比較具規模的抗爭事件。

1768 年以後，至 1860 年的將近 100 年間，發生的抗清事件主要有：1786 年（乾隆 51 年）的林爽文、1795 年（乾隆 60 年）的陳周全、1800 年（嘉慶 5 年）的蔡牽、1811 年（嘉慶 16 年）的高夔、1824 年（道光 4 年）的許尚和楊良斌、1826

（道光 6 年）的黃斗奶、1832 年（道光 12 年）的張丙、1843 年（道光 23 年）的郭光侯、1853 年（咸豐 3 年）的李石、1854 年（咸豐 4 年）的黃位等抗爭事件。

　　1821 年至 1861 年的道光、咸豐治理期間，臺灣漢族自身內部為了水權墾地、地域觀念和信仰不同的械鬥時起，政府無暇顧及原住民族的治理，加上漢族侵佔原住民族土地的情況相當嚴重，導致原住民族土地大量流失，被迫大規模遷徙。

　　但漢族與平埔族（熟番）之間的語言、風俗、祭儀等生活習慣的相互接觸，加上原、漢之間的通婚關係，相互接受彼此的文化差異而逐漸產生文化融合的趨勢。1860 年代之後，政府的開山撫番對象，已開始轉向針對生番的高山原住民族，相對於開港通商之後的英法國家侵入，凸顯了當時隨著臺灣局勢的遽變，清治政府已無心也無力於發展與原住民族之間的關係了。

　　清政府對原住民族的重要討伐，在實施隘制的 1768 年以前，所發生的治安事件，大部分起因於漢族與原住民族之間土地越界糾紛，主要有：1699 年（康熙 38 年）水沙連社番、1723 年（雍正元年）傀儡社番、1731 年（雍正 9 年）大甲社番、1735 年（雍正 13 年）眉加臘社番等討伐行動。而在 1768 至 1860 年之間未曾再有大規模討伐，一直要到 1875 年（光緒元年）之後，才再有對原住民族的討伐行動。

　　清治臺灣初期政府一方面要防堵大陸人民渡臺，一方面卻又不得不允許在臺流民墾荒的兩難。特別是當時實施開墾土地的「墾首制」，其大戶挾資本和勢力，得到官方的協助與保護，割據一方，形同小諸侯，政府也都責成墾戶負起維護社會治安的義務。

當時金廣福墾戶大隘的組成，時間早自 1690 年代（康熙中葉），閩人王世傑率族人開墾竹塹城，歷經雍正、乾隆、嘉慶、道光的長達 140 多年的開山闢土，奠定漢族基業。其間經過1824 年（道光 4），竹塹南方埔地青草港之墾戶陳晃等人，奉憲諭招墾，設隘寮防守原住民族，並就地取糧，然所收五穀不敷丁食。

基本上，清政府將臺灣的原住民族分為熟番和生番來治理。熟番是以具備遵從教化、願服徭役，和繳丁口餉三項為條件，對於熟番子弟願意到鄉塾接受教育者免其丁口餉，政府並在熟番村社設立社學，設置土官和通事。

18 世紀中葉，乾隆治理期間（1736-1795），不但對熟番實施減稅，豎立石碑劃定界地，不許漢族侵入，規定士兵不得侵擾勒索村社；凡依漢族風俗歸化的熟番，薙髮蓄辮，改用漢姓；設立南北兩路理番同知，並在兩路設大屯、小屯，以熟番為屯丁，發配荒土，即「養贍埔地」，給予熟番耕作。

1834 年（道光 14 年），淡水同知李嗣鄴改消極防番為積極的擴疆，諭令姜秀鑾籌設新隘，官方資助其開辦經費，隘費可就地取糧，並立約組成總墾戶──「金廣福」墾殖公司。如此，墾地雖屬民間私業，但不僅帶有開疆責任，而且墾區內的治安，隘防汛防等原屬地方政府執行的事務，也一併委任墾首處理，隸屬淡水同知的監督。

自設隘以來，墾民、隘丁與原住民多有爭戰，淡水同知乃報請鎮道題奏，頒授「金廣福」鐵鑄戳記，賦予開疆的重責大任，得以指揮數百隘丁，兵權之大，始有過之於守備、都司、游擊，其拓墾猶如武裝拓殖。

　　「金廣福大隘」最後隘寮總計有 19 處，包括統櫃 36 座、隘丁 121 名。至於守隘防番收入的抽收銀元，主要向莊內既已開墾的田園，按甲數等級抽收隘丁口糧，但莊外部分因屬設隘的間接受益卻常常抗繳，致使政府不得不復為籌撥充公租，和發文印串給予自行催收，以資貼用。

　　道光以後，除淡水廳添設石碎崙（竹北一堡）官隘及民隘金廣福大隘以外，北路隘制已漸廢弛，屯番日弱，漢猾日多，各官隘悉化為民隘，或變成有名無實。

　　隘制中期以經濟作物為主的治安與族群關係（1860-1895）。臺灣墾地的開發最初是由臺灣的西部，再從南部而北部。在時間上，到了 18 世紀末臺灣南北二路漢族移民開墾土地大致就緒，但當時東部部分地區仍是原住民族自主生活的樂土。

　　19 世紀初期，乾隆、嘉慶年間（1736-1820），因為漳泉客三籍的大量移住，臺灣全島的土地開墾才告一段落。所以，發生在 1860 年（咸豐 10 年）以後漢人的抗清事件，主要有 1862 年（同治元年）戴潮春和林日成、1874 年（同治 13 年）陳心婦仔和蔡顯老，以及 1888 年（光緒 14 年）施九緞等較具規模的抗爭事件。

　　《清季臺灣洋務史料》記載，1876 年（光緒二年）八月二十四日，〈閩浙總督文煜等奏請專派葉文瀾駐臺督辦煤廠等件並察看硫磺、磺油、樟腦、茶葉各情形設法開採折〉指出：「墾田伐木利微而緩，開礦種茶利厚而速。利厚則民不招而自多，民多則土墾自廓。什伍之集遂成村堡，村堡之聚遂成都邑。生齒既繁，捍衛自固，餉糈永足，兵氣自強。」

　　開山墾荒是要繁衍生聚與厚生裕餉，捍衛自固並重的。因

此，19 世紀中葉，臺灣被迫開港對外貿易之後，主要的經濟作物除了稻米之外，糖、茶和樟腦等產業已經發展成為出口外銷的主要產品。

在這些經濟作物當中，要以樟腦業的獲利行為與隘制的治安和族群關係最為密切，樟木原為製造軍船的材料。1725 年（雍正 3 年），政府設立「軍工料館」（軍工廠），由軍工匠採伐樟木以製作船料，由道台協同監督。1863 年（同治 2 年），政府第一次實施樟腦專賣，其專賣權由民間包辦，每年向政府繳納一定銀兩。

1868 年（同治 7 年），英商怡記洋行（Elles & Co.）因私運價值約 1,000 元的樟腦在梧棲被沒收，該洋行職員必麒麟（W.A. Pickering）在鹿港被人打傷，英軍登陸安平，清政府只好以 6,000 元賠償，並訂立廢除樟腦專賣的《樟腦條約》。

臺灣樟木品質優異，清治末期就已被大幅開發，夙傳「匠首之利在樟腦」。所以，許多的原有隘寮和統櫃已逐漸轉作為提供砍伐樟樹的腦寮之用，於是治安除了傳統例行工作之外，因而也增加了因通商、傳教而新起的涉外事務，清政府也只能以陸師來權充剿捕洋盜的任務。

1861 年（咸豐 11 年）至 1868 年（同治 7 年），第一次樟腦專賣期間，政府並未曾善盡保障製腦業者的安全，只知由樟腦業者抽取稅收，因此提高樟腦的生產成本，降低樟腦對外輸出的競爭力。政府在第一次樟腦專賣廢除之後，直至 1886 年，劉銘傳擔任撫臺之時才再恢復樟腦專賣。

恢復的理由是彌補清法戰爭的巨大開支，籌措撫番經費，但至 1890 年（光緒 16 年）又廢止，原因是外商私運樟腦被沒收，

屢向清政府抗議，清政府卻對臺灣樟腦業的經濟利益一無所知，竟以英國「地多蟲蟻」，需「以腦薰屍」而容許英國商人買取臺灣樟腦，如今英國私運樟腦出口，即予沒收，多為商人策動之結果，遂下令專賣即廢除。

溯自 1874 年（同治 13 年），日本藉牡丹社事件侵臺，促使清政府派沈葆楨來臺積極進行含有濃厚武裝殖民意味的開山撫番工作，不僅開路的工作由軍隊擔任，即日後的招墾亦是以武力為之保護的。

例如著眼於交通和軍事考量，派中路總兵吳光亮率軍隊開闢橫貫臺灣東、西部的「中路」，從林圯埔（竹山）、鳳凰山、東埔、八通關，越秀姑巒山，向東到山後花蓮璞石閣（玉里），全長約 152 公里，打通了前山和後山的隔閡，即所謂的「八通關古道」。

1879 年（光緒 5 年）至 1895 年（光緒 21 年）的 16 年間，清政府先後討伐水沙連社、東勢角社、南澳社、老狗社、大嵙崁社、呂家望社、牡丹社、率芒社。雖然到了 1890 年（光緒 16年）劉銘傳廢止《樟腦專賣法》，日治時期更是大舉開發樟腦，產量最高曾佔全球 70%，與茶葉、蔗糖同列「臺灣三寶」，當時所有樟木管制，製作樟腦必須取得「腦丁證」，還可以替代兵役。

1892 年（光緒 18 年），邵友濂將鐵路修至新竹，但是他是弱勢巡撫，無法統御軍隊，又任私人辦理硝磺、樟腦、金砂、鹽灘等事業。隔年，邵友濂調任，改由唐景崧接替，唐景崧委任胡傳（字鐵花，已故中央研究院院長胡適之先生的父親）代理臺東州直隸知州（縣長，現臺東縣為紀念他，有條道路特別命名為鐵

花路），兼統鎮海後軍各營屯，隘勇守護新舊墾戶，然當時普遍呈現所得不償所費，氣局亦散漫的現象。

隘制的治安，由於受到臺灣對外港口通商的影響，特別是在1884 年（光緒 10 年），對抗法軍的侵犯之後。劉銘傳在積極推動臺灣近代化的階段，提出強調安定秩序、整理財政，充實國防的三大施政目標。推動安定秩序和整理財政是對內經濟安全的作為，充實國防則是偏重對外的防務工作。1895 年（光緒 21年），臺灣割讓給維新成功後的日本，相對地也凸顯了這階段臺灣傳統治安轉型近現代警察的關鍵。

臺灣隘制晚期發展，是以民族運動為主的治安與族群關係（1895-1920）。1895 年（光緒 21 年），臺灣各族群已出現日趨融合的發展，這由觀音、媽祖、關公的民間信仰，已逐漸取代開漳聖王、三山國王等鄉土神信仰，以及族群與分類械鬥的減少可以觀察得出來。

1895 年，日本統治臺灣之後，「中國人」或是「漢人」已成民族運動的重要認同基礎。所以，日治臺灣的主要族群政策，就是「文化歧視」與「漢番分治」的兩種策略。「文化歧視」是「漢番分治」的主要動力，其目的是使日本能合法佔據番地的資源與土地。

臺灣警政治安史上，最能凸顯日本與臺灣原住民族群關係的重大事件，乃是 1874 年爆發的「牡丹社事件」。這事件後的整整 20 年間，包括曾經於 1896 年 5 月至 1896 年 6 月，擔任臺灣第一任總督的樺山資紀，和曾擔任民政長官的水野遵，他們早期都已投入極大心力於臺灣原住民族的踏查研究，乃至於協助日本帝國主義的侵奪臺灣。

　　1895 年，日治以後臺灣的治安主要配合殖民政府的施政，成為統治者壓制臺灣人的維護政權工具。日治時期臺灣人的抗日民族運動上，漢移民和原住民幾乎是一致的抵抗日本軍國主義的掠奪臺灣政經資源。

　　分析臺灣人的抗日民族運動，主要以發生在 1937 年日本發動太平洋戰爭之前，依其性質以 1920 年為分界點，分為武裝抗日（1895-1920）和文明啟蒙（1920-1937）的兩階段民族運動。

　　從 1895 年 5 月起至 1920 年 8 月止，第一階段武裝抗日民族運動，日治政府基本上採取的是中央集權的警察制度，同時配合 1901 年殖民統治體制的調整，日治臺灣的地方基層行政完全成為警察工作的主要職責。1919 年，為了配合殖民體制實施的同化政策，遂將警察本署改為警務局，完全將警察政治隱形於地方分權的民政下，而有「草地皇帝是警察」的戲謔稱號。

　　鄂蘭（Hannah Arendt）《極權主義的起源》指出，許多暴政的特點標誌是秘密警察地位上升壓倒軍隊機構，這並非極權主義的獨有現象，然而在極權主義政府的情況下，警察的優勢不僅符合鎮壓國內群眾的需要，而且也符合統治全世界的意識形態主張。

　　很明顯，凡是將整個世界視為他們的未來領土者，都會加強對內的暴力機構，都會不用軍隊，而用警察作為對被征服地的統治手段。正如日本學者織田 萬《清國行政法汎論》〈警察權行使〉所提到警察意義，警察本為除去對社會安寧幸福之危害起見，直接制限私人自由之行政作用也。

　　日本統治臺灣初期，曾經准許臺灣住民行使國籍選擇權，過渡時間為兩年，根據〈臺灣住民身份處理辦法〉規定，沒有提出

任何手續，保持沉默並在期限之前沒有從臺灣移出的住民，原則上，悉視為日本帝國臣民，但是「有土匪嫌疑的人和可能妨害治安的人」被排除在外。

然而，國籍選擇權凸顯的現象是臺灣住民一方面違反了自己的意思，被置於日本帝國的統治下，另一方面又按照自己的意思，拋棄「大清臣民」的地位，選擇了日本的國籍。

直接衝擊隘制最具關鍵變革的是，1903 年（明治 36 年）兒玉總督取消大租權，確立小租戶為業主的土地政策。完全斷絕了大租、小租的關係，改變了清治臺灣末期許多平埔族雖然失去土地的實權，但仍具有象徵性的大租戶身份，勉強維持社會地位與微薄的租金收入。大租制度廢除以後，平埔族在土地上的實際與象徵地位就已消失殆盡。

臺灣人對抗日本殖民統治的民族運動，從 1895 年起至 1902 年林少貓戰死，總督府警察本署署長大島久滿次，宣布南部抗日軍徹底被平定為止。臺灣在這七年之間，風起雲湧，臺灣從北至南的全島武裝抗日先後發生了 1895 年吳得福的基隆和林大北的基隆與臺北，1896 年劉德鈞的臺北及全臺、簡義和柯鐵的雲林大坪頂和彰化等地，以及黃國鎮的嘉義竹頭崎和陳發的南部番子山，1897 年陳秋菊等的臺北，1898 年簡大獅、許紹文和林火旺的淡水、金包里、基隆和宜蘭，1898 年陳發等人的恆春臺灣南部以及林少貓、鄭吉生和林添福的屏東，1901 年詹阿瑞的臺中大墩、陳向義的店仔口（今白河）等一連串的武裝抗日民族事件。

1905 年，殖民政府先後將澎湖戒嚴，劃定馬公要港及其沿岸、臺灣本島及其沿海為臨戰的地區，並下令全臺戒嚴。隔年，

實施《三一法》和〈臺灣浮浪者取締規則〉。亦即 1898 至 1906 年之間，在兒玉、後藤時代，依靠以近現代警察為中心的地方行政組織和舊有的保甲制度，整備了殖民的統治體制。

前者作為以警察為中心的政治體制，自上而下地在臺灣殖民社會中紮下根；後者則被改編為相適應的治安機關的基層組織，發揮維護社會秩序的作用，並被保存下來。這兩大系統，做為日本統治臺灣這塊殖民地的基幹，形成日本殖民政府治安政策的最大特色。

從 1907 年至 1920 年之間，臺灣人抗日運動仍然先後繼續發生，諸如：1907 年蔡清琳的北埔，1908 年丁鵬的臺南廳下，1912 年劉乾的林圯埔、黃朝的土庫和陳阿榮的南投，1913 年羅福星等人的苗栗、張火爐的新竹大湖、賴來的臺中東勢、李阿齊的臺南關廟和花蓮的太魯閣族，1914 年羅阿頸（臭頭）的六甲，1915 年余清芳的西來庵和楊臨的新莊。

由於漢族（臺灣人）的抗日運動，並非自始堅持抵抗成為日本人。所以，到了 1920 年之後，隨著治臺武官總督的改派文人出任，漢族的抗爭也從武裝抗日，調整為以政治、經濟、社會和文化為主軸的文明啟蒙抗日民族運動。

隘制與治番政策的實施，在陸軍中將乃木治理的所謂「綏撫期」，除沿用、擴張清治時期隘勇制度之外，還善於利用漢族來阻擋原住民族的襲擊；經過兒玉源治理的「警備期」；到了陸軍大將佐久間治理的「討伐期」，對於掃蕩生番更是徹底執行隘勇制。

在治理原住民方面，殖民政府特別注意到山區木材、樟腦等龐大利益。1910 年，發動「五年理番計劃」的採取武力鎮壓行

動，號稱規模最大的一次是對太魯閣泰雅族的攻擊。加上 1911 年起在全臺番地實施「貸與槍」政策，由日警沒收番民槍彈，再依狩獵需要借其使用。

同時基於統治臺灣的必要性、國防同化的理由、為日本國內過剩人口找出路、作為向熱帶發展的準備與防止臺灣島民民族自覺等因素，殖民政府也進行在臺灣東部的設置移民村。當時官辦吉野村設置之後，又在豐田、林田、賀田、鹿野、池上等花東各地，陸續出現官營或民營移民村。

1915 年 4 月，解除番地武裝以後，無論平地或山地都由警察維持治安，全臺警政體系從此完成，治理原住民政策開始進入「撫育期」。統計截至 1914 年為止，總督府共設了 19 所番務官吏駐在所，48 所隘勇監督所及 426 所分遣所，779 個隘寮，7 座砲台，隘勇線的延長方面已達到 436 公里，幾乎是圍繞了整座中央山脈。

但是原住民族的抗日民族運動，仍然一直延續。1920 年，總督府更以 2,000 名武力警察圍剿大嵙崁原住民，以及鎮壓發生在沙拉冒分遣所原住民部落的抗日事件。原住民族的抗日民族運動不但未見完全平息，更埋下 1930 年爆發嚴重「霧社事件」的遠因。

檢視日治政府 1920 年以前的族群關係，為了鞏固其外來的殖民政權與壟斷全臺經濟利益，採取「漢番分離」的原則，確立「先漢後番」的統治順序。因此，殖民政府先在鎮壓漢族的武裝抗日到一階段之後，轉而攻擊居住在山越地帶的原住民族。

由於原住民族熟習山地生活和善於運用對自己優勢的地形，迫使殖民政府不得不於二、三個月前公告漢族家庭，徵用一家一

人，義務以腳伕名義，強迫加入「討伐隊」，如果家裡沒有男人被徵用，寡婦貧苦家庭就必須只好以四、五十圓代價出賣自己子女，僱用腳伕以代替出役。

這種在帝國主義者眼中只見番地的經濟利益，不把番人當人看待的殖民統治模式，加上操弄漢族與原住民族之間的磨擦，正是導致臺灣存在族群對立的歷史性結構因素。

縱觀臺灣自 17 世紀原住民族群社會的發展，雖然已從荷西和明鄭東寧王國時期的由分散「部社（落）社會」，進入定居且足以發揮漢人文化特色的民間社會。漢人社會的由點狀擴散成為線面，並隨著漢人與原住民族的通婚，以及漢化生活，實已呈現以漢人為主體的公民社會程度。整個前現代時期族群關係，是一個典型的漢人移民社會走向「土著化」，形塑土著社會的「定著化」的過程。

1860 年，臺灣的開港通商，代表資本主義的基督新教文化被准許進入臺灣內地傳教，原住民族早期文化在接受荷蘭、西班牙文化的同時，並與漢族文化同時面對新傳入代表歐洲主流的英、法文化，其融合印證了臺灣經濟社會發展的從異質文化到多元文化的歷史變遷。

檢視這將近 150 年來隘制政策的實施，雖然有助於責成該管番社協助政府處理邊境事端，但就其防範界外私墾的作用，似乎並不顯著。但也彰顯了臺灣存在殖民與非殖民、統治者與被統治者、士紳與鄉民階層之間的文化差異與衝突，亦凸顯了警政治安工具性功能，被統治者充分運用來遂行國家權力，以維護統治者的利益。

臺灣的開發史已從部落經濟，接合到初期殖民地資本主義發

展，臺灣也一直要到 1920 年代以後，才呈現以「臺灣是臺灣人的臺灣」的集體意識，對「去殖民」的自覺運動。1920 年，臺灣隘制的結束代表著傳統警政治安的走進歷史，近現代警察治安時代的來臨；也代表著武裝抗日民族運動的結束，現代文明啟蒙時代的開啟。

檢討清治與日治階段的隘制、治安與族群關係，日治階段雖然承襲清治階段的隘制，也投入開路、招墾、交易和教育等等，與經濟發展有密切關係的統治手段。然而，清治臺灣實施隘制的撫番政策未能增進國力，日本的治番政策卻能充分榨取山地的政經資源。

清隘制的撫番是基於外患覬覦臺灣，才隨著劉銘傳治臺而積極展開，但政策隨著人去政息。我們與其批評清政府未盡到保護原住民的利益，倒不如說政府整體治臺政策的失敗。日本則是以強大的國家權力為後盾，有計畫而且強制性地侵奪了原住民利益。特別是透過殖民體制的運作，尤其是警察政治的協助，達成軍國主義日本的「富國強兵」目標。

當前臺灣的有形隘制線是不見了，但是族群關係之間的無形隘制線障礙是否也跟著不見了？展望未來，臺灣族群意識與族群關係的發展，隨著 1987 年臺灣解嚴的政經民主轉型，凸顯多元文化的形成與族群關係的調適，如何從「異己」、「他者」思維，轉化為「自我」、「主體」的融合多元文化與文明，尚待觀察。

## 五、社會皇民化「以軍治警」治安

日治臺灣時期所指的「內地化」意涵，主要強調臺灣社會的「日本化」。臺灣時期的社會性治安因素，凸顯在臺灣人反殖民、反帝國、反內地化社會運動，主要的社會抗爭運動可分為兩階段：第一階段即是始於上述 1895 年 5 月「臺灣民主國」的成立，是以武裝戰爭的方式直接反抗日本統治，大有以「臺灣為中國的大陸化」對抗「臺灣為日本的內地化」態勢。

有關「臺灣民主國」的倡議者多為清廷官吏以及臺灣本土士紳，其運動並未建立在臺灣一般大眾基礎上，是屬於前現代社會的士紳集團反抗外來統治者的行動，尚未建立基於主權在民的國民國家的抵抗運動。

第二階段起於 1914 年，林獻堂與日本自由黨黨魁板垣退助共倡「臺灣同化會」的成立，該階段的源起主要是受到現代自由民主、民族自決及馬克思主義啟發的知識份子普遍覺醒，領導了非武裝的、社會及政治的抗日活動。

第二階段可再分為前後兩個時期，前期即民族主義運動的「聯合陣線」，後期則為民族主義運動與階段鬥爭運動的對抗。

當時臺灣社會的對日抗爭運動，基本上，公開的社會運動具備右翼、合法的改良主義色彩，主張民眾與本土資產階級都是殖民壓迫的受害者，應緊密團結一致反對殖民者，資產階級和普通老百姓不應因意識型態不同而分裂。然而，暗地裡的左翼政治活動，則以社會主義思想的傳播、農民運動及工人運動為核心，其終極目標是透過革命手段，推翻帝國主義的統治，馬克思主義思想也因而在這階段於臺灣傳播開來。

以下，就殖民政府實施內地延長、共學共婚，和皇民化運動所導致臺灣社會的內地化加以檢視。

「內地同化主義」簡稱「同化主義」，或稱「內地法延長主義」、「內地延長主義」。「內地延長化」也就是要把日本內地的社會完全複製延伸到臺灣來之意。尤其是日本維新元勳、積極倡導自由與民權的板垣退助，特地於 1914 年 3 月、11 月兩次來臺，與臺灣中部地方士紳林獻堂等人成立「臺灣同化會」。當時林獻堂接受「臺灣同化會」的設立，其觀念主要受到梁啟超啟示他效法愛爾蘭人對抗英格蘭，厚結日本中央顯要以牽制總督府對臺灣人的實施苛政。

板垣退助所提〈臺灣同化會章程〉的第三條指出：本會以內地人（日本人）及臺灣人組織之，相互親睦以厚其交際，渾然同化以奉報一視同仁的皇恩為目的。凸顯臺灣人接受「臺灣同化會」宗旨的「享受與日本人同樣之權利待遇」；而在臺灣的日本人則認同「臺灣同化會」宗旨的「化育臺灣人使其與日本人同化」。

「臺灣同化會」的會員分為名譽會員、特別會員、普通會員三種，全島加盟的結果，除了澎湖、臺東兩廳無人參加之外，共有會員 3,178 人，其中包括內地（日本人）44 人（含名譽會員 1 人、特別會員 1 人、普通會員 42 人）。

臺灣總督府最初以要求該會不要干涉政治，許可其推行日語與移風易俗等性質活動，設定該會是一個對臺灣人進行社會文化侵略的教化團體。可是到了成立隔年的 1 月總督府即以「妨害公安」為由，命令解散。「臺灣同化會」不僅只存在一個多月就失敗收場，蔡培火還因為是「臺灣同化會」成員被迫辭去公學校訓

導之職。

相對的，反對同化論的陳逢源指出，要將臺灣人的民族性變成跟日本人相同是絕不可能，但是教育和經濟等環境的影響，可以漸漸地變化了民族心理，而使之拿人類共同的理想，來享受與異民族共同生活的利益，這種情況不叫做同化，而是「友聯」。

陳逢源提出「友聯主義」（federalism）來代替「同化論」，主張殖民地臺灣與日本要成為聯邦，前提當然是臺灣能高度自治。1921 年以後的「臺灣同化會」即被轉以推動臺灣議會設置，和「臺灣文化協會」等團體所禁行的社會改造運動所取代。

「共學共婚化」指的是「內臺共學制」與「內臺共婚化」。「內臺共學制」係針對控制臺灣殖民教育與教師訓練體系，和箝制臺灣的重要文化活動。總督府於 1926 年設立文教局，在文化教育政策上，透過國語傳習所與國語學校，移植日本式的教育，全面壓制臺灣人的傳統漢文教育。

1922 年以前，採取初等與中等教育區別的方式。在初等教育方面，臺灣有兩種不同的學校，一是專為日本幼童設立的小學校，另一種則是臺灣幼童唸的公學校。在中等教育方面，日本人就讀的學校是獨立的，臺灣人的學校則附屬於日本語學校。這種教育制度的改變要延續的 1922 年發布新的教育令，推行「共學制」，臺灣整個教育制度才逐漸一致，但臺灣人受高等教育的機會仍受到歧視而不平等待遇，如 1928 年設立臺灣帝國大學（現在的國立臺灣大學），本質上仍是為日本人而設置的學校。

總督府實施對臺灣人不公平的共學化教育政策，卻改變了臺灣人受教育是少數人專利的傳統觀念，建立了每個人都應該接受

教育的進步近代化社會觀念。1944 年，臺灣學齡兒童就學率高達 71.1%，在亞洲可能僅次於日本。

而其中凸顯日本除了在統治上最為實用的醫師養成教育之外，重點大多集中在產業技術面，對文法等社學科學教育方面臺灣人仍是受到相當大的限制。總督府藉引導臺灣青年從事既賺錢又遠離政治的醫師職業，一方面防止具有政治覺悟和文化意識的臺灣菁英向殖民政權提出挑戰。

總督府在嚴厲箝制言論和出版自由方面，首先管制新聞紙的發行，要得總督府的許可，但臺灣人日刊新聞紙除了《臺灣民生報》之外，從未獲得許可。至於由過去在東京以周刊方式發行的《臺灣民報》，在 1927 年 8 月才開始被許可遷回臺北印行，1930 年 3 月改稱《臺灣新民報》，1932 年 4 月 15 日起改版為日刊報紙，這是日治臺灣唯一由臺灣人所辦的新聞報，也是持續刊行最久的機關報。

《臺灣新民報》最早是由 1918 年林獻堂在東京以撤廢《六三法》為目標組成「啟發會」，1920 年改名「新名會」，並與「臺灣青年會」共同創立機關雜誌《臺灣青年》月刊，1922 年 4 月改稱《臺灣》，翌年改為漢文半月刊的新聞型態《臺灣民報》，同時 10 月改為旬刊，1925 年 7 月發展改為週刊，1927 年 8 月把發行所遷回臺灣。

1941 年，日本已準備發動太平洋戰爭，對臺灣的言論控制更加緊密，《臺灣新民報》被迫改名《興南新聞》。1944 年，戰爭結束前一年的 3 月，又被迫與其他五家報紙合併為全島唯一的《臺灣新報》。換言之，其他即使是日本出版的雜誌期刊，輸入臺灣時也必須接受嚴格檢查，甚至禁止進口來避免引發社會性

治安。

　　共婚化的社會治安，最早即發生在日治之初的鼓勵日本警察與原住民女子成婚的「內緣妻」政策。當時的部分日本警察縱然在內地已經結婚生子，但是在臺灣娶高山族妻子的法律並不承認，然又有婚姻之實，在戶籍上只能以「內妻」（妾）登錄。

　　這一政策的實施，主要還是為了血緣同化原住民社會為最終目的。例如「內緣妻」的政略婚姻，包括領導「霧社事件」的馬赫坡社頭目莫那・魯道的妹妹，嫁給日本巡佐近藤儀三郎；曾經擔任霧社地區警察最高長官霧社警察分室主任的下山治平與馬烈巴社頭目道雷・亞猶茲的女兒貝克・道雷結婚；同樣曾經擔任霧社警察分室主任佐塚愛祐與馬悉多翁社頭目泰木・阿拉依女兒亞娃依・泰木的政令逼婚。因此，1933 年《內臺共婚法》的通過，更凸顯總督府藉由以解決「內臺共婚化」的適法問題，達成推動「內臺一體」的內地化目標。

　　同時，將 1915 年以前針對原住民所實施的鎮壓式武裝理蕃，調整為以撫育的化蕃政策。1930 年的霧社事件之後，促使理蕃政策轉而加強學校教育、日語學習、農耕栽培等教化。尤其經過蕃童教育畢業後從事的職業，包括警察、教師、醫生、護士等。

　　1937 年以後，理蕃政策因而著重蕃地治安的確保，希望將蕃地的人力物資都納入戰爭體制內。總督府除了將蕃地編入普通行政區、加強蕃地取締、改稱蕃人為高砂族，其結果，達成了殖民政府推動內地皇民化的目標，相對的，消滅了臺灣的原住民文化。

　　1930 年，發生重大影響治安的「霧社事件」，迫使總督府

在 1931 年改以制定教化為重的〈理蕃大綱〉，加強管理原住民的農民地，進而同化能夠效忠犧牲的日本帝國臣民。1936 年 9 月，小林躋造繼任中川健藏為臺灣總督，以「海軍南進論」為架構，將「南進化、工業化、皇民化」合為一體。

總督府認為臺灣過去以作為日本的米糖倉庫而滿足，現在應調整成為神國日本的南方玄關，是以希望使臺灣達到與南方玄關相符合的狀態。同時，必須使居住於當地的人不愧為神國日本的玄關子民，因而對所謂「本島人」（臺灣人）努力施行皇民化運動。皇民化運動為皇國精神強化運動、發揚「皇民意識」，使「本島人」能成為真正的日本人，即所謂的皇民化運動。

1937 年 7 月 7 日，中日開始全面戰爭，總督府於 9 月配合〈臺灣總督府國民精神總動員實施綱要〉的實施戰時防務體制，以及 1939 年加速推動臺灣的「工業化」、「南進基地化」、「皇民化」。

「工業化」是要將臺灣從一個以農業為主的殖民地社會，蛻變成為工業社會；「南進基地化」是要將臺灣從原來只屬於後勤調整成為南進戰略的前哨：「皇民化」則是要改造與昇華臺灣人的人格，使其成為道地日本人，不但可以具備從軍資格，從而建構皇民等於日本化等於近代化的思考模式。

「皇民化」運動的內容主要包括：推行國語（日本語）運動；改姓名；宗教與社會風俗的改革；志願兵制度。因此，「皇民化」比先前推動「同化會」的內地化意義更為強烈，尤其日本人擔憂當臺灣人在與同一民族的中華民國作戰時，日本政府對臺灣人的忠誠度產生極大的危機感。

所以，廢止臺灣報紙的漢文欄，積極推行國語（日本語）常

用運動，並撤廢偶像、改善正廳、更新牌位、改建寺廟，強制參拜神社，廢止舊曆正月儀式等，達到改造臺灣社會文化的皇民化目標。

1940 年，開始實施「改姓名」方案，亦即是不論在精神上、形式上都讓本島人（臺灣人）與內地人（日本人）絲毫沒有兩樣之後，始能稱為完全的日本內地化，遂引發臺灣人的抵制，特別是林獻堂除了未配合皇民化運動的改變臺灣人的信仰與生活習慣、廢止漢文及推動國語之外，更明白的表示自己絕對不改姓名，並公開勸告親族。

1941 年，總督府將改姓命的許可權由總督府警務局移至各州管轄。許可的流程，在提出申請後，文件由受理官廳移至所屬派出所，負責的警察則針對所分配到的家庭調查是否常用國語、戶主與家庭成員的品行、經歷、職業、思想傾向，及一心致力涵養皇國民資質的具體事例，並製作調查結果的報告書。

其次，以郡守及警察署長等為委員長，警察課長、庶務課長、督學、街長、國民學校校長、民間有力人士等為委員，組成審查委員會加以審議。經州、廳的保安課與警務課的調查，待州知事、部長、警察部長、高等課長、保安課長、教育課長等之審議裁決而許可。「改姓名」改為由地方審議決定後，以國民精神總動員為中心，加速了「改姓名」的推動。

同時，總督府更配合日本的「大政翼贊會」運動。1941 年 4 月，在臺灣成立「皇民奉公會」，陸續組織了「奉公壯年團」、「產業奉公團」、「挺身奉公隊」、「臺灣文學奉公會」、「臺灣美術奉公會」、未婚女性的「桔梗俱樂部」，作為「皇民奉公會別動隊」，強調文學者必須秉持「皇民一員」的信念，以推動

臺灣的「皇民文化運動」。

除了先後在日本東京召開的第一屆和第二屆「大東亞文學者大會」、在臺北召開的「大東亞文藝會議」、「臺灣決戰文學會議」之外，更組成「日本文學報國會臺灣支部」，凸顯臺灣作家在大東亞文化共榮圈的陰影下，文學思考創作完全失去了自主性。

1944 年 1 月，總督府為了因應臺灣開始實施徵兵制度，更進一步大幅放鬆許可條件。尤其是在西川滿創辦的《文藝臺灣》，和張文環、黃得時創辦的《臺灣文學》的這兩份刊物被迫停刊之後，揭櫫皇民文學大旗的工作改由「皇民奉公會」所出版的《臺灣文藝》，來遂行配合戰時體制在刀尖下，寫出歌頌日本軍國主義侵略行為的「文學創作」。1945 年 1 月，《臺灣文藝》在出版最後一期時，皇民化文學運動也隨著告一段落。

檢視以日籍作家為主體的《文藝臺灣》，和以臺灣籍作家為主體的《臺灣文學》，當這兩份雜誌之間的緊張關係，正是凸顯了戰爭時期皇民化臺灣作家的迂迴抗拒與消極批判。

這樣建構的「皇民化文學」是配合警察的驅策臺灣人去為「聖戰的完成」而奮鬥，導致從左翼的楊逵，到右翼的龍瑛宗，其中包括呂赫若、張文環、楊雲萍，以及較為年輕的陳火泉、周金波、王昶雄，都在這場文學其名、政治其實的運動中受到損害和欺侮。

檢視民族主義時代的治安，分析這些被殖民國家的治安議題，有的採取抵抗策略，有的採取妥協讓步。最終，它們都沒有什麼選擇餘地，命運還是由殖民者決定。儘管有人指出帝國主義的殖民地，其取得及捍衛殖民帝國的成本，遠超過所獲得的利

益。

但是上述兩者都檢驗了民族主義時代殖民國家可以提供產品的新市場、增加就業機會、創造財富，並積極對外掠奪，更何況日本軍國主義議題實肇因於武士道，並善用傳統治安的全民戰鬥，凸顯了民族主義時代日治臺灣治安的特性。

透過中央集權「三政一體」，與地方分權「郡警合一」的治安政策，形塑臺灣警察單位儼然成為「地下總督府」。從「內地延長化」、「共學共婚化」，以及「皇民化」運動等檢視臺灣社會內地化的議題，臺灣總督府配合來自日本本土的實施殖民政策，並透過警察體系來達成臺灣社會的內地化目標，警察成為殖民政策下的工具，致使警察有時必須處在臺灣人民的對立面。

或許臺灣從來沒有真正與日本本土（內地）制度一致過，但是內地化的臺灣治安受到日本支配文化的強勢壓境，不但導致臺灣社會的主體性日漸消失，更讓臺灣陷入國族與文化議題認同的社會危機。

## 附錄二：導讀與摘譯注（日）織田 萬〈地方自治〉

〈地方自治〉一文，是摘譯自日人織田 萬所著《清國行政法汎論》一書的第七章〈地方自治〉。該書完成於 1906 年（明治 39 年、光緒 32 年），作者是當時日本京都大學法科大學教授，也是「臨時臺灣舊慣調查委員會」的委員。該書正是他當時受調查委員會長之託的編撰成書。

清朝時期開始推動的警察政策，大多引用 1860 年代日本明治維新時期，其所實施的警察制度而來，但是在建立地方警政的

時候，特別是關注保甲制度的實施經過與其所發揮的功能，則大部分仍保留中國歷代傳承下來的做法。

所以，到了日治臺灣時期這制度也沒有被廢掉，是當今研究傳統治安不可或缺的一環。因此，我特別根據華世出版社出版的《清國行政法汎論》與參酌曾榮汾編《中國近代警察史料》（初編）等二書，摘譯注該書有關〈地方自治〉的部分附錄如下，以供大家對照研究與參考。

《清國行政法汎論》第七章　地方自治

第一節　總論

第一、清國一般地方自治制度。查自治制度之行於清國一般者，有二大系統：一為社團自治制度、一為地方自治制度。其一則行於特定人員之團體，其一則行於地方行政之區域。而此二者，又各備二種形態：社團自治者，有會館、有公所；地方自治者，有保甲、有鄉村是也。會館及公所之組織，當別論述，本章則專就地方自治制度的保甲及鄉村，略論之。

第二、保甲性質。鄰保相互的團結，出於人性的自然，而地方自治之源，亦固應在于此，故古今東西各國，皆無不有此制度。然惟保甲制度，與近世國家的自治制度，自有區別，亦不可不察焉。抑近世國家所謂自治者，一團體為固有的生存目的，自處理其共同事務之謂也；若無此目的，則雖有關於鄰保團結之制，不得謂自治，即如我邦（謹按：日本）舊時五人組制度、及清國保甲制度皆屬此類。

皇朝掌故彙編云：是皆民之各治其鄉之事，而以職役於官云云。由是觀之，似有頗吻合於近世國家之自治者，然是未足表明保甲性質也。又云：（謹按：保甲為弭盜安民之良規。）此一語

實表明保甲性質，而無遺憾。蓋保甲之制，出於國家利用鄰保團結，以補警察行政之不備而已，非近世所謂自治也；唯使人民自處理一地方之事，則一也。故暫謂之自治，亦無不可。

保甲制度之不同於近世地方自治如此，故其盛衰興廢之跡，亦大異其趣。蓋歐洲諸國自治之制，基於共同自營之必要，發自地方人民思想，不假官府之權力也。或卻有與官權對抗，而後發達者，故欲得自治而訴之干戈者，往往在焉。然則地方自治之於中央政府，其權力盛衰，全為反比例。

中央政府之權力衰替，則地方團體之勢力甚盛，宛然成一國家之觀矣。是為近世國家確立以前之事實。支那（謹按：大清國）則異于此。中央政府綱紀頹廢，命令不行之時，地方制度亦從頹廢，保甲徒存其名而無其實；視諸歷史上，其事蹟尤顯著也。無他，由於其成立之情形不相同耳。

第三、保甲制度變遷。保甲制度之為周代比閭族黨之遺制，殆無容疑也，獨其性質稍有不同。今案周官大司徒之屬，有州長、黨正以下各官，在鄉大夫下，專掌地方政令。其制乃五家為比，比有比長；五比為閭，閭有閭胥；四閭為族，族有族師；五族為黨，黨有黨正；五黨為州，州有州長；上下相連以任地方行政，頗似現今保甲制度。

雖然周官所謂州長黨正以下皆中大夫至於下士之官吏，受有祿秩者，保正及甲長之於保甲，則不然，固係人民公選，非有官吏分限也。支那學者或論族師以下，亦由人民推舉者，要不過後人臆斷。又州長黨正以下之職務極為複雜，廣涉於一般事務，而保正甲長等，即為警察補助，亦不相同。故雖謂保甲制度淵源於周官遺制，然混淆二者性質，固不免其為謬見也（參閱《四庫全

書本》／卷首，欽定周官義疏）。

自秦漢至魏晉南北朝，皆有鄉黨版籍之職役，比至隋唐，其制益備。今按唐令，諸戶百戶為里，五里為鄰，四家為鄰，三家為保。每里設里正一人，按此戶口、課植農桑、檢察非違、催課賦役。又在邑居者為坊，坊置坊正一人；在田野者為村，村置村長一人（參閱六典及馬端臨《文獻通考》）。而里正坊正等，皆非官吏，其職務又最重警察、收稅二事，遂為現今保甲制度之階梯（我邦中古模倣唐制，坊里之制無異于彼；至後世五人組制度，亦出於此）。

抑支那一國，地廣人眾，欲藉州縣官力，辦理地方一切事務，甚難。於是，選鄉黨中年老且有德望者，為州縣官補助。所以疏通上下意思，保持地方治平也，是以明君賢相，無不欲振興此制度者。然若過置重於此制度，付與絕大權限於里正鄉老之徒，乃反釀成弊竇者，往往有之。

明洪武二十七年（應永元年，西曆 1394 年），擇於民間年高且公平可任事者，使掌其鄉詞訟，戶婚、田土、鬥毆等事件，准許會同里胥決之；而不經由其裁判，有直訴州縣官者，罰以越訴，是其一例也（顧炎武《日知錄》：里老斷訟之事，至 1426-1435 年宣德年間廢云）。

洪熙（1425 年）以後，任里老者，不善良之人多，遂有假官府之威，殘害人民者。正統年間（1436-1449 年），此風尤甚，其勢力凌駕州縣官，上司之視察地方制度也，必先聽里老之言，黜陟州縣官。於是州縣官中卑劣者，重賄里老，暗求賞揚其能以計榮達（張廷玉《續文獻通考》〈職役考〉、顧炎武《日知錄》）。及至清朝，屢次戒飭地方官憲，企圖振興改善保甲制

度，亦多屬具文，以至於今，益廢弛矣。

　　第四、鄉村。關於保甲之法令頗備，記述亦不少，然至鄉村制度，無文獻可徵，故今不能詳其性質。案：此制度固雖非完全，然如稍類似於近世地方自治。蓋清國地方行政，不獨不備，官規頹廢，未見肅正，彼州縣官雖名曰親民官，至其實際，視人民如路傍人，汲汲乎私利之營，不顧公益，於是地方人民不依賴官府之力，而共同自衛，為不可缺矣，是所以其設共同辦理鄉村事務之制也。

　　凡自治制度之根據，固在個人之權利思想，故一國之法制，獨以定人民義務為宗旨，而未至明其權利，則自治制度亦未能完成其體制。今也清國發達尚在幼稚時期，自治制度之如此，固當然耳。聞近山西巡撫上奏，請設鄉社；又聞駐法公使上封事，請設立鄉會，其要在於弭盜安民一事，不過數衍保甲制度而已（參閱：光緒二十九年（1903 年）二月十五日及三十年一月十五日同《文滬報》）。

　　第二節　保甲

　　第一、沿革。順治元年（1644 年），令各州縣行保甲之制，凡各州縣所屬之鄉村，十家置一甲長，百家置一總甲。若有盜賊逃人姦宄等事，鄰佑即報甲長，甲長報之總甲，總甲又轉告州縣衙門，州縣衙門審查事實，咨之兵部。若一家有隱匿盜賊及其他罪犯者，鄰佑九家、甲長、總甲不申報之時，則俱以罪論，是為清朝採用保甲制度之權輿。

　　惟以地方情狀，全國不相同一，故或順治十七年（1660 年）設里社，乃有里長、社長之名；或設圖及保，乃有圖長、保長之名；八旗乃別置領催，不設里長等。或又稱甲長曰牌頭，乾

隆（1736年）以後置甲長於牌頭上，保長稱曰保正。要之，其名雖異，其實則同（參閱：《皇朝掌故彙編》〈內編卷〉五十三）。

比至康熙（1662-1721年）、乾隆（1736-1795年），保甲之制大備。乾隆《大清會典》（卷五十六）規定之兵部詰禁中云：「凡保甲直省府縣自城市達於鄉村，居民十戶立牌頭，十牌立甲長，十甲立保正。戶給印紙，登姓名習業懸門楔，以稽出入往來、詰奸宄。有藏匿盜匪及干犯禁令者，甲內互相覺舉。如官吏奉行不善，及牌頭、甲長、保正瞻徇容隱，或致需索擾累者，皆論」是也。

今觀其大體，亦無變更，而編制稍有差異。順治（1644-1661年）之制，十家設一甲長；《乾隆會典》乃十家設牌頭，十牌即百家，設甲長；十甲即千家，設保正；此其異也。當是之時，政府務求此制度之普及於各省府州縣，北京附近屯莊之佃戶、江海岸之漁民、廣東雲南貴州等熟苗熟獞之間，亦勵行之。

嘉慶（1796-1820年）重修《大清會典》（卷十一）又移此制度於戶部職制中，以規定之。其編制與《乾隆會典》所定同，更定施行區域，云：「凡城市鄉屯灶廠、寺觀、店埠、棚寮、邊徼皆編之，凡海船亦令編甲焉。」是可知其有普及全國之意。雖然嗣後漸次廢弛之狀，觀諸道光（1821-1850年）咸豐（1851-1861年）以來上諭及奏摺，亦可知矣。

第二、現制。現今保甲編制，全據乾隆（1736-1795年）以後規定，無復變更之。十家為牌，牌有牌頭；十牌為甲，甲有甲長；十甲為保，保有保正。《嘉慶會典》（卷十一）云：「凡編保甲，戶給以門牌，書其家長之名與其男丁之數，而歲更之。十

家為牌，牌有頭；十牌為甲，甲有長；十甲為保，保有正；稽其犯命作慝者而報焉。」是即現行規定也。

保正、甲長及牌頭，乃民人公選之，由該地方官廳認可，以就其職，限年更代。其被選舉之資格，則為誠實識字且有身家者。而為統轄保甲職務，更設特別機關，例如京城內有步軍統領兵馬指揮使等，各省乃有保甲總局及分局，具道以下府縣官之資格者，為其長官；一般州縣，則知縣直接統轄之，保正以下，承其指揮監督，以執行職務也。

第三、職務。保甲之職務，分為警察、戶籍、收稅三件，就中警察最重；若夫戶籍事務唯僅附隨警察及收稅二項行而之耳。蓋嚴查戶口，固便於糾察盜賊姦宄之竄匿，並得按戶催科，收稅無遺漏也。

雍正年間（1723-1735 年）併丁銀於地稅之後，編查戶籍之事務亦漸廢弛（參照：孫詒讓《周禮政要》、馮桂芬《校邠廬杭議》等），而徵收地稅，亦多係州縣衙門胥役管理，故一保甲內，有滯納者，保甲則不過負共同責任。有時上諭免一地方保甲收稅事務者，嘉慶上諭云：「十九年，上諭：軍機大臣等汪志伊等奏，閩省牌甲保長，人多畏避承充，皆由易於招怨，今擬將緝拏人犯、催徵錢糧二事，不派牌甲保長，專責成以編查戶口、稽查匪類。凡有匪徒藏匿，令其密稟地方官，作為訪問，俾免招怨等語。人果存心公正，何慮怨尤？惟私心不免，遂喜市恩，而畏招怨，近日內外臣工，竟成此病！此等微末，牌長又何足貴？所有緝拏人犯、催徵錢糧二事，自無庸在派伊等管理」云云。

今觀以招怨為口實，除免收稅職務，則當知此職務之固不足重耳。《嘉慶會典》規定保正以下職務云：「稽其犯令作匿者而

報焉。」又歷代上諭或云：「保甲之設，除莠安良，最為善法。」或云：「保甲一法，稽查奸宄，肅清盜源，實為整頓地方良法。」由是觀之，保甲制度之主要，在於警察一事，不亦明乎？

保甲事務當別詳於後，故今不贅焉。唯當一言者，即共同擔保及共同責任之制是也。順治元年（1644 年）初定其制云：「若一家隱匿，其鄰佑九家、甲長、總甲，不行首告，俱治以罪。」（參閱：《皇朝掌故彙編》〈內編卷〉五十三）又《乾隆會典》亦云：「有藏匿盜匪及干犯禁令者，甲內互相覺舉。如官吏奉行不善，及牌頭、甲長、保正瞻徇容隱、或致需索擾累者，皆論。」

既如前述，及至嘉慶（1796-1820 年）修正，無此規定，然當非廢從來之制，蓋此種團體必設共同擔保、及共同責任之制，東西諸國自一其揆，保甲制度之真髓亦實存于此，然則順治初（1644 年）定之精神，為傳至今日可也。

第三節　鄉老及鄉約

關於鄉老鄉約之事，殆無法令可復徵者，大清律〔例〕云：「其合設耆老，須於本鄉年高有德、眾所推服人內選充，不許罷閒吏卒及有過之人充應。」云云（卷八、戶律戶役、禁革主保里長）。輯註云：「耆老實在化民善俗，即古鄉三老之遺意，必選一鄉之望，豈得以罷閒吏卒及有過犯曾經決罰之人充應？」《皇朝掌故彙編〈內編〉（卷五十三）亦云：「又有耆老一項，例有頂戴，亦與聞鄉里之事。」

考順治三年（1646 年），僉都御史李日芃言耆老不過宣諭王化，無地方之責，非州縣鄉約比，若以連坐之法加之，似於情

法未協，乃定義耆民在九家內者連坐，在外者，免其株連。蓋所謂耆老即鄉老耶？而其任實不過宣諭王化，無地方之責。然則耆老似與地方公務全不相關。然其無地方之責云者，無國法所命之義務之謂耳。

若就地方自治本質考之，則耆老之制，殆相近者，已如前述。若夫鄉約一語，或謂鄉村之連合，猶吾組合；或謂鄉約之長，猶吾組合長。李御史所云鄉約，蓋鄉約之長乎？而其職與耆老不同之一事，則雖得略明之，然其職之為何物也，遂無由詳之。今按美國公理會傳教士明恩溥（Arthur H. Smith, 1845-1932），他在山東地區生活所撰寫出版《中國鄉村的生活》（*Village life in China*, p.226-234）一書，略述清國村政概況如下：

清國之村政，委於村民自治，然至其實際，能任事務者，非村民全體也，僅二三人耳。故以為其自治起於純然民政主義，則不免其為誤解也。然而鄉村者，各自見一小王國之狀態。然基於地形及其他事由，數村共同處理事務者，亦不為少。

擔當一村事務者之役名及職務，各地不同，概括言之，各村有一人之長，稱曰鄉老、或曰鄉長、或又曰守事人。其就職固係村民公選，知縣認可之，與保甲長同，又其選任之資格，別無規定，故未必需村內年長者，又未必需有資產。若長於文藝者，大抵皆有資產及德望，為村民所推戴者，即不須選舉而就其職也。

鄉老之職務事項固不為少，今大別之為三種：曰縣衙門之委任事務也，曰村之公共事務也，曰仲裁事務也。

第一、縣衙門之委任事務。此種事務中，最重要者，徵收地稅也。其稅質及收稅方法，各地不同。此外，運搬縣衙門需要之物品，供給修繕隄防之材料，或一定期間管理道路等，皆屬此種

事務。至於清國有稱地保及地防者，土著之警察吏也，如為鄉長與知縣之仲介。然其仲介方法如何，又鄉長之於保甲長，地保之於保甲長，其職務關係如何，今（明治 39 年、光緒 32 年、1906年）不得詳之。

第二、村之公共事務。此種事務中最著者，築造修繕郭壁也、管理壁門也、開設管理市場也、警衛收獲物也、修築廟宇道路橋梁等也。各地情形自異，故其法亦不一定。然所有一村共同事業，皆歸鄉長職務，為當執行者。而此等事務，每月朔望，村民集會廟社，開設會議，議長即鄉長也，須其議決而後執行，是為常例。

第三、仲裁事務。家族間之紛爭，或村民相互之葛藤等，鄉老必當仲裁之任。

前揭各項，依據明恩溥（Arthur H. Smith, 1845-1932）所出版《中國鄉村的生活》，以揭其大要也。明恩溥之所敘述，亦就其住在地之見聞而言，難以概之支那（大清）全國，然亦足以窺見制度的一般了？

# 第三時期　現代臺灣「以軍領警」治安史（1945-1987）

　　現代臺灣警政治安史的發展與變遷，在歷經代表歐洲的荷蘭、西班牙統治之後，主要經過作為古典之世界帝國的清國、作為近代殖民帝國的日本，和特別作為二戰後「非正式帝國」的美國，其所主導下一段臺灣發展的歷程。

## 一、戒嚴前期硬式威權軍警一元化治安階段（1945-1972）

　　1911 年，孫中山領導辛亥革命，推翻滿清政府。1912 年，孫中山依照〈臨時政府組織大綱〉就任臨時大總統，宣布中華民國成立。1945 年，日本戰敗，依據〈開羅宣言〉，將臺灣、澎湖諸島歸還中華民國。1949 年 12 月，國民政府自中國大陸遷來臺灣。1950 年 5 月，宣布臺灣地區戒嚴，直到 1987 年 7 月臺灣解嚴。

　　因此，此處所指戒嚴時間是從 1945 年國民政府接收臺灣起，至 1987 年解嚴止。並將其分為戒嚴前期硬式威權「軍警一元化」治安階段，則是指蔣介石在臺灣主政的 1945 年至 1972 年的治安。戒嚴後期軟式威權「警政現代化」，則是指 1972 年起至 1987 年的蔣經國主政治安階段。

　　硬式威權「軍警一元化」治安階段，又可分為硬式威權「軍警一元化」治安階段前期，時間是指 1945 年 10 月臺灣光復至 1949 年 12 月國府撤退來臺；硬式威權「軍警一元化」治安階段後期，時間是指 1949 年 12 月至 1972 年國府退出聯合國。

## （一）硬式威權「軍警一元化」治安階段前期

　　1912 年至 1914 年，臨時政府時期的警政，中央將民政部改內務部，警政組織主要分為中央警察機關、首都警察機關和地方警察機關等三大部門。1915 年至 1928 年，南北分裂政府時期的警政，是以孫中山為首的南方軍政府在大元帥之下設最高統帥部，稱之「大本營」。袁世凱北京政府則將晚清京師內外城巡警總廳合併的京師警察廳，直屬內務部。

　　1928 年，蔣介石北伐完成。1929 年至 1949 年，形成中央與地方分治的警政，政府為因應反國民黨言論的不斷升高。1932 年 4 月，蔣介石指定戴笠成立「特務處」，辦理「參謀本部特務警員訓練班」；9 月，軍委會成立「調查統計局」（簡稱軍統局），「特務處」改編為該局的第二處。

　　另外，由負責黨務的陳立夫等人也在中央黨部成立「調查統計局」（簡稱中統局）。軍統局和中統局的上級指導單位則由委員長侍從室第六組負責。所以，「政治警察」被稱為「特務」，也被稱為情報治安。特務的工作不只是對外蒐集情報，也會對政權內部的政敵或者體制外的反對者進行情報蒐集、監視、逮捕、拘禁的工作，有時候也會變成執行恐怖攻擊的組織，是維護政權的重要支柱之一。

1934 年 11 月，國民政府重行公布《戒嚴法》，國內遇有非常事變，對於某一地域應施行戒嚴，國民政府得不經立法院之議決宣告戒嚴。1936 年 4 月，政府鑒於各省市警察行政與警察教育的各自為政，而統一警官教育又為改革警政的張本，遂將警官高等學校改為中央警官學校，蔣介石兼任校長。1943 年，政府提出「建警五年計畫大綱」，確定警政發展方針。

## （二）硬式威權「軍警一元化」治安階段後期

1945 年 8 月，抗戰勝利，蔣介石發布各省警務處長，胡福相被派任臺灣省警務處長；10 月，率領臺幹班師生來臺接收警政，進駐日治時期的臺灣總督府警察官與司獄官訓練所。1948 年 12 月 10 日，中華民國首次宣布全國戒嚴的戒嚴令。

1945 年至 1949 年期間，這是兩岸統一在中華民國政府之下，中華民國政府在這階段治安工作的重點，在警政接收與重建。1948 年 12 月 10 日，當時蔣中正總統公布實施戒嚴，但新疆省、西康省、西藏和臺灣當時不在範圍內。1949 年 1 月，蔣介石自總統職位引退但仍擔任中國國民黨總裁，李宗仁代理總統時撤銷《戡亂總動員令》，停止實施《戒嚴法》。

1949 年 5 月 20 日，宣布臺灣〈戒嚴令〉；年底，國民政府中央撤退來臺，中國國民黨進行權力核心結構的重大變革，確立戡亂戒嚴體制的正當化，積極推動警政一元化。迨至 1971 年，中華民國退出聯合國，國民黨政府面對國內外政經情勢的變化。1972 年，蔣經國接任行政院長，開始進行比較大幅度的政治自由化與警政現代化的改革，這階段一直延續到 1987 年的政府宣

布解嚴。

檢視戰後臺灣政治體制的演變是從「硬性威權主義」（hard authoritarianism）到「軟性威權主義」（soft authoritarianism）」的權力轉移過程，並在九〇年代的中期以後，出現從威權主義轉型到自由民主的體制。威權體制從 1945 年臺灣光復，到 1972 年蔣介石硬式威權體制的治安議題，以及 1972 年至 1987 年蔣經國軟式威權體制的治安議題加以檢視。

戰後臺灣雖然脫離日本殖民統治，然而國共內戰的如火如荼，導致臺灣治安仍未能脫離戰爭的軍人角色。回溯 1944 年 4 月，國府在中央設計局設立「臺灣調查委員會」，派陳儀為主任委員，並在〈臺灣省接管計劃綱要〉中，規定「預備實施憲政，建立民權基礎」、「接管後，應積極推行地方自治」。

1945 年 10 月 25 日，臺灣行政長官陳儀，代表中國戰區最高統帥蔣委員長，在臺北市公會堂（今中山堂）二樓（今光復廳）主持受降典禮，日方由臺灣總督安藤利吉代表全體日人投降，美軍也派代表到場。臺灣住民並從這一天起恢復中華民國國籍，也同時被賦予了「省籍」。

1945 年抗戰勝利至 1947 年 7 月，政府頒布〈戡亂動員綱要〉的綏靖期間，依據《臺灣省行政長官公署組織條例》，臺灣雖不依行與大陸各地同樣的省制，而採取由中央政府所任命之行政長官掌握政府的行政、立法、司法等大權。由於當時中國國民黨負責臺灣黨務工作的組織尚未建置完成，黨的權力運作還是委由行政長官維持類似日治時期總督府的統治模式來推動。

在這戡亂動員綏靖時期，臺灣選出縣市參議員、選出省參議員、選出臺灣地區國民參政員，選出制憲國民大會臺灣省代表、

選出行憲國民大會臺灣省代表選出臺省監察委員，選出臺省立法
委員等七種職稱的民意代表行使職權。

1947 年 2 月 28 日，臺灣因警察查緝私菸，不幸爆發「二二
八事件」，警備總司令部宣布臺北市臨時戒嚴，引發大陸人（外
省）和臺灣人（本省）之間省籍和族群對立的治安議題。當「二
二八事件處理委員會」提出〈處理大綱〉，國府認為臺灣省所謂
「二二八事件處理委員會」所提出的無理要求，有取消臺灣警備
司令部，繳械武器由該會保管，並要求臺灣陸海軍皆由臺灣人充
任，此種要求已踰越地方政治範圍，中央自不能承認，而且又有
襲擊機關等不法行動相繼發生，故中央已決定派軍隊赴臺，維持
當地治安。

3 月 8 日深夜，奉命來臺的整編第二十一師主力在基隆上
岸，其後一個星期，暴力鎮壓，濫捕濫殺，隨即展開，有不少臺
籍菁英份子以及基層百姓，在這個期間喪命，乃至中部地區組成
的所謂「二七部隊」。17 日，國府派遣國防部長白崇禧來臺並
下令「禁止濫殺，公開審判」，軍警情治單位由此收斂，許多已
判死刑犯人，得以免死，判徒刑者，或減刑，或釋放。

5 月，因米價飛漲，學潮如排山倒海而來，「反飢餓」、
「反迫害」的罷課請願運動洶湧，政府宣布〈維持治安臨時辦
法〉。「二二八事件」後，國府撤換陳儀，臺灣行政長官公署改
組為臺灣省政府，改由文人魏道明接任省府委員兼主席和臺灣省
警備總司令，同時宣布結束戒嚴、廢止郵件檢查、重申新聞自
由，並開始推動地方選舉。

「二二八事件」凸顯了國家機構對臺灣的統合在短期內算是
成功，卻也導致之後治安事件的連連發生。諸如代表右翼勢力，

以蔣渭川、廖進平等人於 1946 年 4 月 7 日成立「臺灣省政治建設協會」的政治性團體；臺灣大學教授林茂生主張臺灣要有更多自主空間的組成「自治派」。

左翼勢力則以張志忠成立「中共臺灣省工作委員會」；以及 1948 年春，廖文毅與謝雪紅等人組成的「臺灣再解放同盟」，乃至於 1950 年 2 月廖文毅、邱永漢等人組成的「臺灣民主獨立黨」，並隨後在東京組成的「臺灣共和國臨時政府」，由廖文毅就任大統領等反對黨派的勢力。

在這權力移轉的過程中，國民黨政府順利地鞏固統治臺灣的基礎。1948 年 3 月，蔣介石、李宗仁當選為中華民國第一屆總統、副總統，但為因應反共戰爭；5 月，公布《動員戡亂時期臨時條款》和修正公布實施《戒嚴法》，這政治結構凸顯「戡亂戒嚴」與「民主憲政」體制並行的正當性。

回溯 1948 年行憲之後，修正《戒嚴法》，將公布機關改為總統，且應於一個月內提交立法院追認，如遇立法院休會期間，應於復會時即提交追認。此外，接戰地域內軍事機關得自行審判或交法院審判之罪，包括「其他特別刑法之罪者」，擴大戒嚴司令官之權，得解散集會結社及遊行請願、限制或禁止人民之宗教活動有礙治安者，對於人民罷市罷工罷課及其他罷業得禁止及強制其回復原狀。

1949 年 1 月，最後一次修正，將軍事機關得自行審判或交法院審判之罪擴大適用於警戒地域。依該《戒嚴法》的規定，〈戒嚴令〉之公布須經總統之宣告與立法院之通過或追認。同時間，陳誠接任臺灣省政府主席兼臺灣省警備總司令、彭孟緝為副總司令，蔣經國為臺灣省黨部主任委員（未到任），這是所謂

「白色恐怖」時期的開端。

　　這期間臺灣發生的重大治安事件，包括：「四六事件」的發生於 1949 年 3 月 19 日晚上，臺大和師院兩名學生，共乘一輛腳踏車從士林回學校時遭警員取締，雙方起爭論，執勤警員被激怒動手打了學生。兩名學生分別回到宿舍，兩校的住校生大約 400 人集體包圍警員服務的第四分局，要求分局長出面解釋，分局長不在，正好督察長趕到處理，冒稱是分局長，學生不能接受，並請督察長到臺大宿舍前面廣場，等候分局長出面，但分局長始終未出現，學生開始隔天的罷課示威。後經臺北市警局承諾會要求警察改善處理違規事件的態度，示威學生才散去。

　　29 日，臺北市許多大學生成立「學生聯盟」，以「結束內戰和平救國、爭取生存權、反飢餓反迫害」為口號遊行，晚間在臺大法學院舉行青年營火晚會。事後，臺灣省主席兼臺灣警備總司令陳誠擔心臺灣治安受到當時大陸學生與軍隊衝突的影響，於是下令清查學運主謀。

　　4 月 5 日晚上，警備總部派人進入臺大、師院逮捕學生 28 人，引發警察和軍隊與師院學生的對峙；6 日，警總下令強制逮捕學生 200 多名；8 日，被捕學生有 100 多人由家長具保領回，有 19 名移送法辦。為表示為該事件負責，事後謝東閔辭去師院代理院長職務。這影響後來政府訂定〈戡亂建國教育實施綱要〉，加強三民主義等政治課程，和規定高中以上學校都須設軍訓室，這些措施都與「四六事件」有關。

　　國府為穩定臺灣治安，展開全面性的實施戶口總普查，並自 5 月 20 日起全省宣布戒嚴，對投共、擾亂治安、金融及煽動罷工罷課罷市等份子皆依《動員戡亂時期懲治叛亂條例》處以重

刑，以遏止共產黨在臺灣蔓延的勢力。

同時，為因應中共一再高喊「武力解放臺灣」。1949 年 8 月，陳誠被任命管轄江蘇、浙江、福建、廣東的東南軍政長官，並決定成立臺灣防衛司令部，任命孫立人為防衛司令官。9 月，更透過改組臺灣省警備總部後的臺灣省保安司令部，派彭孟緝為司令，加強入境臺灣檢查，嚴格取締縱火的破壞社會秩序行為，舉發與肅清中共間諜，禁止與中共地區的電信往來等措施。12 月，院會決議改組臺灣省政府，陳誠免兼臺灣省主席，改由吳國楨擔任。

換言之，1949 年 5 月 1 日，臺灣省實施戒嚴，舉行的戶口總檢，全省違檢被拘留者 1,500 餘人；27 日，臺灣省警備總部根據〈戒嚴令〉制定〈防止非法的集會、結社、遊行、請願、罷課、罷工、罷市、罷業等規定實施辦法〉和〈新聞、雜誌、圖書的管理辦法〉，以有效維護社會治安，確實掌控臺灣，以致引來政府被批評不民主、不重視人權。

同時，為了徹底使臺灣和大陸分開，臺灣省主席兼臺灣省警備總司令陳誠還特別採取三項措施，第一是在大陸上的銀行，一律不准在臺灣復業，以免擾亂金融；第二是在大陸上公私立大學，一律不准在臺灣復校，以避免學潮；第三是大陸上的報紙，除了南京《中央日報》以外，一律不准在臺灣復刊，以避免混淆視聽。此外，從高雄或基隆登陸的軍隊，一律按實際人數加以收編，不得帶武器上岸，以避免影響臺灣治安。

11 月，李宗仁稱病出國治療，立法委員、監察委員，及國大代表先後聯電蔣介石復行總統職權，同時促請李氏返國；12 月，國府中央撤退到臺北。

　　1950 年 3 月 1 日，蔣介石復任總統職務，並以電報告知李宗仁，希望他以副總統的身份做專使，在美國爭取外援。同時，為了強化治安工作，並將原非正式單位的「政治行動委員會」，改稱「總統府機要室資料組」，由蔣經國擔任這個「資料組」主任，推動在臺灣的特務重建工作。4 月，臺灣開始實施綏靖與清鄉的治安工作。

　　當蔣介石復職總統後，隨即宣布成立國防部總政治部，重建軍隊的政工來加強思想教育，竭誠服膺領袖的領導，並透過黨的組織建置來掌握軍隊，但隨著 1950 年 4 月、5 月戰事再失利，國府相繼棄守海南島、舟山島，轉而全力固守臺澎金馬，國府從抗日勝利的頂峰跌落到成為流亡臺灣的谷底悲劇。

　　因此，檢視政府面對兩岸戰爭局勢和鞏固領導中心，乃透過強化硬式威權治安結構的重組，首先進行中國國民黨的改造工作，成立中央改造委員會的目的在：第一，明定黨的屬性為革命民主政黨；第二，裁撤中央監察委員會，採評議委員會制，促使領導更趨於一元化；第三，注重基層組織與民眾團體；第四，建立幹部制度；第五，確立新的黨政關係。

　　改造的目標是要貫徹以黨對政、軍、警、情治，及工會、商會、漁會、農會、青年、婦女、文化界等社會團體的指揮機制，建立「以黨治國」的威權體制，並強烈主張代表的是中國合法正統，不容許有任何反對言論和行動的對政權提出挑戰。改造時間是從 1950 年 8 月起到 1952 年 10 月國民黨召開第七次全國代表大會開幕之日止。

　　黨組織改造的結果，關於基層組織的充實，幹部制度的建樹，黨政關係的確立，教育訓練的實施，文化事業的鼓勵，民眾

運動的發展，社會調查的舉辦，設計研究的進行，大陸工作的策劃，海外黨務的發展，紀律與考核的執行，以及財務與黨營事業的整頓，較之於改造以前，顯然已有相當的成效與進步。由於黨政關係制度的建立，各級黨政民意機關中政治小組，政治綜合小組，以及黨團的運用，使黨政工作互為表裏，相得益彰。

1952 年 10 月，國民黨召開第七次全國代表大會，並通過修改黨章，藉由中央委員會的組織結構，接掌原已運作的中央改造委員會職權。中央委員會閉會期間則透過中央常務委員的權力核心執行黨務工作，對中央委員會負其責任。這次的全國代表會議結果，正式宣告陳果夫、陳立夫兄弟（所謂的 CC 派）、宋子文、孔祥熙、孫科等重量級人士，和閻錫山、白崇禧、楊森等多位將校紛紛被解除軍職，而被排出權力核心，蔣介石第一次完全控制中國國民黨，硬式威權體制獲得更進一步的鞏固。

因此，政府為鞏固硬式威權體制還採取凍結總統、中央民意代表的選舉，只局部開放具有象徵意義的地方性選舉，會有這樣的選舉方式的考量，一方面可以凸顯實施民主政治，另一方面也使人們能有效地表達言論的自由，而且只需要花費極少的成本。

對於中央民意代表方面，立委、監委則依據大法官 1954 年 1 月 30 日釋字第 31 號解釋：「在第二屆委員未能依法選出集合與召集以前，自應由第一屆立法委員、監察委員繼續行使職權」；國大代表，則適用憲法第 28 條「每屆國民大會代表之任期至次屆國民大會開會之日為止」的條文。第一屆國大代表的任期與立委、監委一樣，實際上無限期延長，形成舉世罕見的「萬年國會」。

對於不會影響權力結構的地方性選舉，政府依據 1950 年 4

月制定的《臺灣省各縣市實施地方自治綱要》，卻發生 1950 年中再度審理包含省長民選在內的《省自治通則》法案，並進入二讀，由於當時擔任行政院長的陳誠主張應該慎重其事，使得審議中止，因而出現臺灣省主席陳誠所提出的臺灣省長民選法案，竟被自己擔任行政院長所否決的矛盾情事。

1951 年 12 月及 1954 年 4 月，臺灣地區分別選出第一、二屆臨時省議員；1957 年 4 月及 1960 年 4 月分別選出第一、二屆省議員；縣市長則於 1950 年 10 月、1954 年 4 月、1957 年 4 月，及 1960 年 4 月分別選出第一屆至第四屆的縣市長。

這是透過攏絡地方政治精英及結合地方仕紳的策略，實施既能以民主選舉號召，又能兼顧確立威權體制治安的有效雙軌制，繼續以〈動員戡亂時期臨時條款〉及〈戒嚴令〉，限制人民的言論、集會、結社、出版，及新聞等自由，並強調以「法統說」來掌控國會的權力運作。

1952 年 10 月 31 日，成立的中國青年反共救國團，強制規定所有高中以上學生為當然團員，團員必須信仰三民主義、宣傳三民主義，以三民主義為中心思想，凡有背叛三民主義者以違犯團紀論處。

救國團本身擁有《幼獅通訊社》、《幼獅月刊社》、幼獅廣播公司、中國青年寫作協會，和各地的青年活動中心，舉辦各類型青年活動，加強與青年的聯繫和輔導；並且採取與國民黨各縣市黨部相平行的組織建置，來配合推動黨的工作，做為國民黨領導青年並儲備青年黨員的機構，達成如同 1947 年 9 月國民黨第六屆四中全會通過〈統一中央黨部團部組織案〉，將三民主義青年團與國民黨進行黨團合併模式。

　　藉由「黨團合一」、「黨外無黨、黨內無派」的完成，不但確立國民黨在臺灣一黨獨大的優勢，和鞏固以蔣介石和培植蔣經國為權力核心的硬式威權體制。1952 年 12 月，當時臺北縣剛選出縣議員，保密局獲悉石碇鄉一帶有地下共產黨的武裝基地活動，由谷正文指揮保密局人員前往搜捕，爆發「鹿窟事件」。

　　1953 年 6 月，政府制定《警察法》，凡警察之組織、職權、人事、教育、經費、設備，警察權由中央與地方行使的事項，皆訂有規範可循，並通過工礦、森林、外事等專業警察的相關組織規程。

　　1954 年 3 月，發生吳國楨因在臺灣省主席兼保安司令任內，反對蔣經國搞救國團的工作，除了不給予經費資助之外，還指責該團為希特勒的法西斯集團和共產黨的共青團，導致吳國楨被國民黨開除黨籍事件。

　　1954 年，政府實施〈臺灣省警察政訓工作綱領〉，凸顯臺灣省警政工作配合反共抗俄的需要，及符合政治改革的要求，以堅持三民主義革命政策統一警察人員思想，團結警察人員精神，激發工作情緒，改變警察氣質，養成優良紀律，促進警民合作，完成國民革命第三期任務，凸顯戰時革命警察的特質。

　　同時，為確保治安工作，將原屬任務編組「總統府機要室資料組」，以國家安全局之名，被正式納歸到模仿美國的國家安全會議而設立「國防會議」（1967 年改名「國家安全會議」）之下，由蔣經國擔任國防會議副秘書長。

　　該會議不經立法程序，不必向國會負責，卻掌握大權，不僅各特務單位必須對其負責，必要時連相關部會首長亦須接受節制，人稱「太上內閣」，該會之下設有「國家安全局」，負責協

調並監督各特務機關。

另外，孫立人以陸軍總司令因抵制蔣經國政工制度，導致後來所引發 1955 年 5 月陸軍步兵學校少校教官郭廷亮以匪諜案被捕，接著又有三百多位軍官被捕，經過審訊後，共有三十五名由軍事法庭起訴判刑，時任總統府參軍長的孫立人被迫辭職，並軟禁三十多年的所謂「孫立人兵變」事件。

1958 年，臺灣省警備總司令部成立，接管原保安司令部等單位所負責的戒嚴、警備、出入境管理、文化檢查、郵件檢查、軍法審判等業務。除此之外，改組後的國民黨海工會、陸工會、社工會，及憲兵、外交部情報司等單位，雖各有職司，但是都必須向國安會彙報。

另外，檢視硬式威權治安的「《自由中國》雜誌事件」，主要是胡適、雷震、殷海光等自由人士，自 1949 年 11 月 20 日創刊至 1960 年 9 月 1 日，被迫停刊的《自由中國》雜誌的批評。

《自由中國》一開頭是受到蔣介石支持的，立場明顯，就是支持蔣介石的反共抗俄政策，胡適擔任名譽發行人、實際發行人是雷震。1951 年 6 月，從發生〈政府不可誘民入罪〉社論開始，《自由中國》為了爭取言論自由和新聞自由，先後和主政者的思維多有衝突，其中犖犖大者如 1956 年〈祝壽專號〉、1957-1958〈今日的問題〉系列社論、〈出版法修正案〉等，都引發警總等情治單位的關注與干擾。1959 年，反對蔣介石的三連任之後，雙方關係才破裂。

1960 年，蔣介石以增訂臨時條款方式，總統任期將不受憲法第四十七條連任一次的限制，和中央民意代表不用定期改選的延續硬式威權政權時，引發《自由中國》雜誌嚴厲批判的最終下

場。

1960 年 9 月，雷震等人在警總偵訊後，及由軍事檢察官起訴，認定雷震「散播無稽謠言，打擊國軍士氣，煽惑流血暴動，蓄意製造變亂，勾通匪諜份子，從事有利於叛徒之宣傳，包庇掩護共諜」，審判庭作出「雷震明知劉子英為匪諜而不告密舉發，處有期徒刑七年」，以及「連續以文字為有利於叛徒之宣傳，處有期徒刑七年」，被判決須合併「執行有期徒刑十年，褫奪公權七年」。

12 月 20 日，《自由中國》雜誌正式宣布停刊，雷震與高玉樹、李萬居、許世賢等臺籍人士，和青年黨夏濤聲、民社黨蔣勻田等多人，預定於 1960 年 5 月 18 日，成立「中國民主黨」的反對黨工作也就胎死腹中。

另一扮演批評政府言論的雜誌，是創刊於 1957 年而結束於 1965 年的《文星雜誌》。雖然「文星」發刊詞標示的三項性質是：生活的、文學的、藝術的，在這種性質的內涵之下，它是「啟發智慧並供給知識」，所謂「啟發智慧」是現代人「生活的」必要條件，它的範圍當然囊括了思想上的開明和人權上的保障，所以「思想的」討論，也自然屬於「文星」雜誌的一個主題。

但是《文星雜誌》的為自由民主的奮鬥訴求，難逃被警總發動圍剿、被封殺、被刑求、被下獄，而繼《自由中國》事件之後的下場。1964 年，臺大教授彭明敏、魏廷朝等人撰擬〈臺灣自救宣言〉，也都在政府的監控和壓制之下，也同樣有人因叛亂罪而遭到入獄的悲慘遭遇。

這些為推動政治民主化和自由化的言論，其相對於武裝奪權

和非法組織政黨的權力運作，都只是還停留在標榜延續「五四」精神的啟蒙運動和對「東西文化」的論戰框框，純屬於部分知識分子的爭取言論自由層次，並未能對硬式威權型政治性政權產生威脅。

對比於硬式威權治安造成衝擊的是選舉議題，臺灣地方自治選舉到了 1963 年有李萬居、郭雨新、許世賢的當選省議員，1964 年有高玉樹當選臺北市長、葉廷珪當選臺南市長、林番王當選基隆市長、黃順興當選臺東縣長，1968 年有楊金虎當選高雄市長，但反對人士仍然只是在硬式威權體制實施黨禁、報禁的有限度環境下，滿足少數地方政治精英的參政冀望而已。

當面臨大陸選出的中央民代日漸老化、凋零的嚴重問題時，硬式威權為避免造成法統統治合法性危機引發政治性治安議題，只得於 1969 年在臺灣地區舉辦增補選，反對人士也只有郭國基及黃信介等少數進入中央民意機構，不管是在中央或地方的選舉結果，在硬式威權的權力結構上反對人士並未能凝聚成有組織的黨派。

這些零星政治性突圍，對於當時硬式威權體制的權力結構，根本無法撼動或制衡蔣介石所建立的威權統治。基本上，也都只是屬於微弱的「孤星式」抗爭。因而，硬式威權型政治性治安的弱化機會，也一直要等到 1975 年 4 月 5 日蔣介石過世之後才有鬆動的現象，但也是在不影響國民黨威權統治臺灣的基礎下逐步展開來。

## 二、戒嚴後期軟式威權警政現代化治安階段（1972-1987）

對比硬式威權治安議題的弱化為軟式威權型治安的跡象，可以回溯 1965 年陳誠去世，行政院長嚴家淦派蔣經國出任國防部長；1969 年 6 月，蔣經國擔任行政院副院長時已悄然進行；到了 1972 年 5 月，蔣經國出任行政院長，國民黨的權力結構核心已逐漸轉移到蔣經國所掌控的單位上，所謂「接班人」態勢已隱約浮出檯面。

1968 年，柏楊（本名郭衣洞）因漫畫內容恰巧是大力水手與其小兒子海上落難，飄到小島，於是就發展到角逐誰統治的問題，大力水手就允諾兒子繼承。這涉及到敏感的「接班」問題，震怒了有關當局，柏楊曾因「以影射方式，攻訐政府，侮辱元首，動搖國本」入獄，關了九年多。

### （一）軟式威權警政現代化治安階段前期

蔣經國在面對臺灣長期以來內部一直存在國家認同與族群意識的挑戰，凸顯訴求「臺灣獨立」的抗爭治安事件，與臺灣威權體制民主化運動的形影相隨。蔣經國深刻體會和了解到中國國民黨與中華民國政府「本土化」的迫切性與重要性。

蔣經國組閣，遂以強化內部正統性彌補涉外正統性的缺損，透過擴大延攬臺籍精英參與黨中央、中央政府機關及國會決策的權力運作，藉由組閣時機即大幅增加本省閣員的比率，由臺籍人士出任重要政治性職務，如行政院副院長、內政部長、交通部長，以及臺灣省主席和臺北市長都由臺籍人士出任。

　　1972 年 12 月，辦理自由地區增額中央民意代表選舉，以充實中央民意代表機構，並且審慎、小心的培養與控制溫和在野勢力的成長。由於選舉結果，縱使國民黨候選人全部落選，都不至於影響國會的權力結構。這樣的選舉，仍然被日本學者若林正丈批評，與其說民主選舉，不如說「威權主義的選舉」。

　　1974 年 5 月，蔣介石於過世時，總統職務雖由副總統嚴家淦依《憲法》繼任，但國民黨總裁一職，則在當月 28 日所召開的國民黨中央臨時全體會議決議，保留黨章「總裁」一章，另推舉蔣經國為中央委員會主席兼中央常務委員會主席，蔣經國乃正式成為國民黨的黨主席。

　　威權型政體所面對一連串的政治性治安議題的挑戰。1970 年代初，釣魚島爭議和中華民國退出聯合國的遊行事件，凸顯改革運動已普遍從省籍權力分配、社會利益分配，及政經主體性等實際結構和意識型態向威權體制提出挑戰。尤其是一批年輕學者藉由《大學雜誌》的平台，延續《自由中國》、《文星雜誌》書生論政的風格，督促政府尊重人權、政治民主化、國會全面改選的改革等訴求，要求政治革新的呼聲越來越高。

　　1972 年底，《大學雜誌》就分裂了，其中一部分被國民黨政權所吸收，一部分則透過選舉與「草根黨外」結合。1975 年 8 月，以黃信介為發行人、康寧祥為社長、張俊宏為總編輯，創辦了《臺灣政論》。這是首次以本省人為中心的政論雜誌。雖然在第五期就被禁止發行，但發行量卻高達 5 萬份，康寧祥也在同年底的「增額選舉」中再次當選。

　　在此，我們可以說「黨外雜誌」與向公職選舉挑戰。1977 年 8 月 16 日，臺灣長老教會發表的〈人權宣言〉，敦促政府面

對現實，並採取有效步驟，以使臺灣成為一個新而獨立的國家，以及 11 月 19 日因地方公職人員選舉所發生的「中壢事件」，選舉結果導致臺灣地方政治權力結構的巨變。

## （二）軟式威權警政現代化治安階段後期

由於受到「中壢事件」治安的衝擊，孔令晟署長特別強調，警政現代化的警民關係，和警察新型鎮暴能力的整建，尤應按完整之整建程序，積極進行，以其有備而無患。1978 年 6 月，向行政院所提出的〈改進警政工作方案〉，這方案包括了四十六項執行計畫，至此改革事業方向已定。

1978 年 3 月，第一屆國民大會第六次會議選舉蔣經國、謝東閔為第六任總統、副總統，5 月 20 日正式就職，22 日蔣經國提名孫運璿並獲立法院高票同意，擔任行政院長，正式開啟了蔣經國統治臺灣的時代。

對軟式威權型政治性治安造成重要影響的關鍵因素，除了是強調「臺灣意識」的體制外改革運動所引發「中壢事件」的挑戰。1978 年 12 月 16 日，美國與中共建交，而在總統發布緊急處分令，致使原訂於 12 月 23 日舉行中央民意代表的選舉被迫延期。

在這場選舉活動中，「黨外」作為反對勢力的角色卻進一步地成形。具體而言，他們組織了「臺灣黨外人士助選團」，展開全國競選活動，導致 1979 年 12 月 10 日爆發「高雄事件」或稱「美麗島事件」。

這是「二二八」政治性治安議題以來，臺灣發生另一嚴重的

政治性治安議題，直接衝撞國民黨的威權體制。然而，「美麗島事件」的發生，政府並沒有停止臺灣實施地方自治選舉的政策，反而加速推動臺灣政治自由化。

　　政府以修正《動員戡亂時期臨時條款》的方式，擴大選舉名額，容納更多政治精英參與中央決策。使得國民黨對於黨外所升高之對民主化與臺灣化之要求的過敏反應有所減輕。同時，為了彰顯政府推動政治自由化的決心，政府在審理「美麗島事件」上更是採取公開方式的開明作法，也凸顯警察在治安事件上以打擊犯罪、維持秩序的執行法律角色，亟欲避開戡亂戒嚴的「以軍治警」色彩。

　　1982 年 4 月，退伍老兵李師科蒙面搶劫土地銀行，是臺灣第一宗治安史上的銀行搶案，破案後李師科被依《懲治盜匪條例》判處死刑，也因為此案被誤抓的王迎先成了陪葬的冤魂，社會警覺維護人權的重要性，立法院火速通過《刑事訴訟法》的 27 條修正案，被告得隨時選任辯護律師，俗稱「王迎先條款」。但是，這時「黨外」的運動並沒有因為「美麗島事件」重要幹部被逮捕而趨式微，反而因新崛起的領導者而激進化。

　　1983 年，增額立委選舉時組織的「黨外選舉後援會」，在選舉後，更組成「黨外公共政策研究會」。1986 年 1 月，明白表示將在各地設置地方支部，這堪稱是實質的組黨宣言。1984 年 3 月，蔣經國、李登輝的當選中華民國第七任總統、副總統，臺灣政治自由化的腳步又向前跨了一大步。

　　1984 年 10 月，發生「江南案」後，臺灣警察機關發動大規模掃蕩黑道幫派的「一清專案」行動，同時美方指涉有情治人員介入其中，政府亦對情治人員的涉案表示非常震驚，並免除汪希

芩國防部情報局局長的職務。接著情報單位改組，改名後的國防部軍事情報局只負責蒐集軍事情報，禁止在美國從事任何秘密工作，國家安全局集中力量從事情報蒐集、分析及反情報工作，不搞秘密行動，經過一段時間之後，汪敬熙調離國家安全局局長。

1985 年，政府先後通過修正《警械使用條例》、《槍砲彈藥刀械管制條例》，和《動員戡亂時期檢肅流氓條例》等相關法規，凸顯政府在維護治安及保障人權方面皆具積極的意義與作用。

但是以實施《違警罰法》為例，警察仍屬擁有極大權限的機關，其不僅擁有法規制定權，如頒布一些職權命令，且依據《違警罰法》，掌理警察司法裁判權。警察行政權之範圍，仍擁有一些衛生、消防、工商、安全以及風俗等警察之事務，此種警察權，包括行政、立法以及司法裁判權等，非常類似「警察政治」國家的警察權。

1986 年 9 月 28 日，政府對於參與組織成立「民主進步黨」的「黨外人士」，乃採取以溝通協調的包容方式處理。1986 年 11 月 10 日，民進黨第一次全國黨員代表大會在所通過《黨綱》的〈基本綱領〉主張終止臺海兩岸對抗，認為基於臺灣人民之整體利益，謀求合乎人道、平等、和平的解決途徑。

在臺海兩岸政治社會經濟制度相差懸殊下，應優先致力於改善兩岸人民之生活，不應製造緊張對抗。臺海兩岸之問題，應由全體住民透過自由意志自主決定，反對由國共雙方基於違背「人民自決原則」的談判解決方式。

1987 年 7 月，政府公佈《動員戡亂時期國家安全法》的解除戒嚴；11 月，開放大陸探親；1988 年 1 月 1 日，解除黨禁、

報禁，其對國民黨的權力結構已產生很大的變化。

威權體制的調整策略，尤其是在蔣經國 1988 年 1 月 13 日過世的前一年，其對外宣稱自己是「中國人」也是「臺灣人」，中華民國逐漸臺灣化的權力結構演變，凸顯標榜「自由中國」的國家發展主軸逐漸轉型為發展「經濟臺灣」的總體目標。

1988 年 1 月 13 日，李登輝繼任總統，和 7 月 7 日在中國國民黨第十三次全國代表大會當選黨主席，彰顯「中國意識」和「臺灣意識」交織形成的主體意識形成，軟式威權警政現代化治安階段後期，威權體制與治安結構的發展進入轉型期的新階段。

## 三、社會黨國化「以軍領警」治安

戒嚴時期臺灣社會性格是從殖民社會性格，歷經國、共兩黨「內戰論」的地方社會性格，而逐漸形成國家社會性格。戒嚴時期社會是國民黨政府要實現黨國化社會為目標，要貫徹以黨對政、軍、警、情治，及工會、商會、漁會、農會、青年、婦女、文化界等社會團體的指揮機制，建立「以黨治國」的威權體制，並強烈主張代表的是中國合法正統的過程。

然而，卻型塑了臺灣是一個被矮化為「地方政權」的社會階段，毫無「國家認同」的立場。亦即出現如果認同大陸，就等於承認臺灣是它的；如果只認同臺灣，就會被扣上「臺獨」的矛盾現象。

以下，將從文化認同運動、鄉土文學運動、新興社會運動等三項治安議題來檢視其所引發的黨國化社會治安。

1945 年 8 月到 1947 年「二二八事件」發生，是臺灣作家追

求思想解放的旺盛時期。1946 年 1 月，陳儀政府開始實施〈臺灣省漢奸總檢舉規則〉，同年 4 月，國語普及委員會正式成立；6 月，更成立「臺灣文化協進會」，其成立宗旨是要聯合文化教育之同志及團體，協助政府宣揚三民主義，傳播民主思想，改造臺灣文化，推行國語國文。

臺灣文化協進會的主要工作，便是官方能夠透過一個民間機構，使中國化的文化政策推行到廣大的知識份子之中。因此，除了發行《臺灣文化》之外，也不定期舉辦文化講座、座談會、音樂會、展覽會與國語推行。

反諷的是臺籍知識份子卻利用《臺灣文化》發表迂迴諷刺的批判文章，對中國化政策進行杯葛與揭發。10 月，禁用日語的政策付諸實踐，臺灣作家在經歷了 1937 年禁用漢語與這次禁用日語的官方政策，臺灣社會出現如此錯亂的文化認同問題，凸顯臺灣社會治安環境的惡劣。

《臺灣文化》的刊行還有另一任務，就是要臺籍作家與外省作家合作，以便突破大陸與臺灣之間語言和文化的隔閡，建設民主的臺灣新文化和科學的新臺灣。在此刊物發表文章的大陸籍作家有一共同特色，便是具有左翼思想的色彩。

另外還有一個重要特色，則是他們對於魯迅思想的傳播致力甚深。這是臺灣抗日傳統與中國五四精神嘗試結盟的一個重要契機，卻由於歷史環境的不容許，這種結盟只存在五個月，便因「二二八事件」的發生而宣告解散。

陳儀政府為肅清日人在文化思想上之遺毒起見，依據〈取締違禁圖書辦法八條〉，統計自臺灣光復一年來臺北市計有違禁圖書 836 種，7,300 餘冊，除了一部分留作參考外，餘均焚毀。其

餘各縣市報告處理違禁圖書經過者，既有臺中、花蓮、屏東、高雄、臺南、彰化、基隆等七縣市，焚毀書局，約有 1 萬餘冊。

當時思想檢查的嚴密而徹底，對於作家的創作空間已構成重大威脅。相對於日本殖民政府的思想控制，陳儀政府可為有過之而無不及。因為，上述的查禁工作，僅在光復後短短一年之內就完成了。

臺灣抗日傳統與中國五四精神的這兩股文學結盟，卻是陳儀政府極力予於阻撓並鎮壓，導致 1947 年發生「二二八事件」所引發的治安，其中社會的文化差異衝突也是占其中很重要因素，凸顯這階段政府推動文化認同的運動是失敗收場。

在這場中國化的國家認同與文化認同運動中，引發治安事件入獄的文化人除了楊逵入獄百日之外，還包括捲入「鹿窟武裝基地事件」的呂赫若；曾經領導臺灣文藝聯盟張深切與張星建在「二二八事件」後的長期亡命；《臺灣文化》編輯蘇新，則偷渡逃亡到香港；小說家張文環逃至山中躲藏；王白淵則被指控知情不報，判刑入獄兩年；鹽分地帶詩人吳新榮遭到通緝，在自首之後受到監獄、審判，經過三個月後才獲釋；《民報》發行人林茂生，和《人民導報》發行人王天燈都在事件中遭殺害。

另外，在大陸來臺的左翼作家如臺靜農、黎烈文留在臺灣大學教書，終身不再提起魯迅。至於曾任陳儀臺灣行政長官的編譯館館長，雖於其任內負有編輯各種教科書，致力於使臺灣同胞了解祖國的文化、主義、國策、政令等知識任務的許壽裳，亦於 1948 年 2 月在擔任臺大中文系系主任任內身亡。

「二二八事件」後，又緊接著實施綏靖與清鄉的軍事鎮壓，臺灣社會經歷軍事屠殺式的恫嚇，民間社團被解散、報紙刊物又

被查封，致使知識分子沉默下來，不但是造成省籍之間的裂痕，繼而又使臺灣社會的文化傳承發生嚴重的斷層，縱使 1948 年至 1949 年曾經發生在外省作家與本省作家，處在不同政治文化背景下引發的「臺灣文學論戰」，臺灣社會再度陷入受到日本殖民的臺灣人與來自祖國新文學的文化認同爭論。

1949 年 4 月，爆發「四六事件」之前，臺灣已有許多新文藝活動，如《新生報》「橋」副刊主編歌雷、作家楊逵等人的討論過方言文學問題；還有麥浪歌詠隊隊員臺靜農之女臺純懿、楊逵之子楊資崩當時都是小學生、藝術教授黃榮燦等人，以「祖國大合唱」、「黃河大合唱」為招牌曲目。

「四六事件」當天的楊逵被逮捕，係因 1949 年 1 月 21 日，在上海《大公報》發表了一份「和平宣言」，呼籲國共內戰不要席捲到臺灣，要求當局應該實施地方自治，主張島上的文化工作者不分省籍團結起來，使臺灣保持一塊淨土，這場文化認同的焦慮也就因而冷清下來。楊逵後來因為此案被判刑 12 年。

1949 年年底至 1950 年上半年，是國民黨在臺灣建立黨國化社會的關鍵時期，亦即建立反共反蘇的文化運動。1950 年 4 月，在國民黨主導下成立「中華文藝獎金委員會」與「中國文藝協會」。

特別是「中國文藝協會」的成立，是以團結全國文藝界人士，研究文藝理論，從事文藝創作，展開文藝運動，發展文藝事業，實踐三民主義文化建設，完成反共抗俄復國建國任務，促進世界和平為宗旨，並發行《文藝創作》。

這個組織的權力結構，以國民黨員為核心，以外省作家為主要成員。工作的推動先由黨內核心組織下達決策，然後由民間團

體配合，落實到社會各階層。

1951 年，「中國文藝協會」呼應國防部總政治部主任蔣經國的文藝到軍中去運動，提倡軍中革命文藝的推廣活動。1951年，葉石濤因與左派文人來往，被以「知匪不報」罪名逮捕，判刑 5 年，嗣因蔣介石連任總統減刑，才得以服刑 3 年出獄。

1954 年 5 月 4 日，「中國文藝協會」更以 1953 年 11 月蔣介石完成的〈民生主義育樂兩篇補述〉為最高指導原則，推動「文化清潔運動」，並推廣到軍中。同時，為吸納本省籍作家的參與。「中國文藝協會」在下設的 17 個委員會中，成立「民俗文藝委員會」，更凸顯臺籍作家在文化位階與認同仍存有落差。

另外，為全面貫徹黨國化社會的目標，特別在中國青年反共救國團下成立中國青年寫作協會，並發行《幼獅文藝》；在臺灣省黨部成立臺灣省婦女寫作協會，以黨團系統掌控社會中國化的話語權。

1950 年代，當黨國社會化的反共文學如火如荼進行之際，迫使臺灣文化界充分追求自由的文學想像受到抑制。1951 年 8 月，胡適因為「軍事機關」（保安司令部）干涉《自由中國》言論自由而辭去發行人名義，以及聶華苓主持《自由中國》文藝版的表現自由主義文學觀。

1958 年 5 月 4 日文藝節，胡適接受中國文藝學會的邀請，以〈中國文藝復興、人的文學、自由的文學〉為題做公開演講，胡適批判所謂文藝機構與文藝政策的不當，說明文藝創作不應受到任何權力干涉。

檢視 1953 年至 1965 年，臺灣接受美援時期的帝國主義文化影響，臺灣社會文化成為冷戰軍事圍堵共產主義下的一員。臺灣

社會文化到了 1960 年代中期以後，反共文學的強調戰鬥氛圍已呈現疲態，同時，臺灣社會分別出現「為藝術而藝術」議題的現代主義，和 1970 年代興起「為人生而藝術」議題的鄉土文學，臺灣社會的文化認同議題又進入一個新的階段。

臺灣現代主義思潮主要是由帝國主義文化，與臺灣親美文化的相互激盪形成，其代表對當時反共政策與戒嚴體制的抗拒、對封閉的政治體制表達深沉的抗議，同時反映戰爭離亂的苦難、鄉土歷史的崩塌、傳統人倫的傾斜，規範這樣書寫的背後其實有一個龐大的中國心靈。

因此，能保持與臺灣社會對話的文學，顯然相當稀少，除了陳映真、黃春明與王禎等作家。所以，到了 1970 年代，臺灣社會普遍出現改革的呼聲，配合政治上對戒嚴體制批判所形成「黨外」為名的民主運動，在文化上浮現以本土精神為依歸的鄉土文學運動。

1964 年 4 月，吳濁流創辦《臺灣文藝》，從雜誌名稱要凸顯承續日治時期臺灣文藝聯盟未竟的歷史使命，也要強調臺灣文學有其固有的特殊性與自主性，當情治人員以各種有形無形的方式來威脅他辦刊物時，吳濁流仍然不放棄《臺灣文藝》命名。

回溯臺灣鄉土文學雖萌芽於擺脫殖民「文化附庸」的 1930 年代，直到 1977 年爆發的鄉土論戰與政經文化的轉型。1977 年，國民黨為鄉土文化論戰召開第二次文藝會談，當時總統嚴家淦呼籲作家「堅持反共文學立場」。翌年，「國軍文藝大會」上，國民黨文工會主任楚崧秋和總政治部主任王昇強調要發揚民族文化，也要團結鄉土，認為鄉土之愛、就是國家之愛、民族之愛，而停止了官方對鄉土文學的批判，也讓鄉土文學論戰終止。

　　1978 年 11 月，行政院的《縣市文化中心計畫大綱》，12 月《文化活動強化方案》中的具體化政策，由於這些縣市設置的文化中心逐漸能凸顯出，戰後臺灣地方文化的特性。

　　換言之，從 1930 年代「臺灣語文運動」、1956 年開始的「說國語運動」，到 1970 年中期的「臺灣鄉土文學運動」，凸顯臺灣社會文化的受制於強勢文化桎梏，臺灣的語言、記憶與歷史都刻意遭到邊緣化。所以，到了這時期出現的臺灣鄉土文學運動，終於引發臺灣社會文化上的「中國意識」與「臺灣意識」，乃至於國家認同的統獨之爭。

　　戒嚴時期官方政策以中原文化為唯一的政治認同時，臺灣鄉土文學凸顯的是臺灣社會與臺灣住民、生活、語言交互作用，彰顯的是一種新的國族想像。例如，葉石濤在 1987 年解嚴前夕所出版的《臺灣文學史綱》最具代表性，在新詩方面則是由吳瀛濤主持的《笠》詩社，和出版與臺灣語言、文化的《臺灣民俗》、《臺灣諺語》等作品。

　　戒嚴時期國民黨政權對於勞工階級，從及早時期開始就針對公營和黨營業的勞工提供極為優渥的福利政策，並以公營和黨營企業的勞工為中心，在國民黨的主導下組織了金字塔式的勞工組織，藉以控制公營和黨營企業的勞工，防止其走向政治化。

　　然而，到了 1980 年左右，新興社會運動本質上已「脫革命化」，社會型態逐漸進入人民和國家政權在公共偏好的研判，以及對未來視野的論述競爭和動員的比賽，亦即新興議題的社會運動已和爭奪政權無直接關聯。

　　換言之，1970 年代，臺灣新興社會運動開始受到現代化與民主化運動的影響，同時構成文學本土化的重要基石，作家書寫

的議題觸及農民、勞工、女性、生態環境所面臨的危機，同時也深入探索外資帶來不公平、不公義的文化。跨國公司進駐臺灣是為了創造巨大利潤完全不會在意低廉工資的不合理，也不在意環境污染所付出的代價，更不在意臺灣住民是否享有言論自由。

因此，現實主義逐漸取代了現代主義，尤其 1980 年代以後社會自主性提高，強調對社會議題的關懷，解嚴前便已出現的運動包括：消費者運動、反污染自力救濟運動、生態保育運動、婦女運動、原住民人權運動、學生運動、新約教會抗議運動等七種。

1987 年，解嚴前後出現的社會運動包括：勞工運動、農民運動、教師人權運動、殘障及福利弱勢團體抗議運動、老兵權利自救運動、政治受刑人人權運動、外省人返鄉運動等。

尤其是隨著臺灣社會主體意識的提高，當時對於「鄉土文學」過於強調臺灣本土的書寫，卻忽視了陳映真所屬「懷抱中國意識」的左翼作家。陳映真認為臺灣歷史與文學應從中國國族主義觀點來理解，但他也批評國民黨黨國文化。

1987 年，臺灣解嚴前的所有勞資爭議都是透過由黨國所組織的調解委員會調解，沒有一件爭議是透過司法解決。調解委員會的組成一般除了包括衝突的勞資兩造，還包括國民黨地方黨部幹部、主管勞工事務的地方政府官員，和地方警察局。調解的目標與效果往往並非借國家作為依客觀的仲裁者解決問題，化解怨懟，而只是要藉干預而壓制潛在的社會衝突。

因此，1980 年初期普遍出現「自力救濟」的抗議事件，冀求黨國化政府的介入，尤其是在經濟性的補償事件。1980 年至1986 年間光是非政治性的「自力救濟」活動，因公害而受害的

地方住民所常見典型反應，對造成傷害者進行直接的抗議與要求補償，超過 3,000 件。群眾公然集體抗議活動的頻繁，明顯地削弱了依靠長期戒嚴體制所進行的社會控制。

1980 年代，臺灣社會自覺意識的普遍覺醒，對於新興社會運動的爭議議題，反映了臺灣黨國化社會的多重矛盾，凸顯解嚴前的民主的、民族的、省籍的，與階級的矛盾所引發的社會治安議題。

戒嚴後期因黨國體制所引發文化認同、鄉土文學，以及新興社會運動等治安議題，凸顯人民對於社會自主性，和資源分配重組的呼籲與不滿，戒嚴時期政府面對來自民間的挑戰，黨國化社會不得不因應社會變遷而加以調整。

美國政治學家杭廷頓（Samuel P. Huntington）指出，發生在 1974 至 1990 年間，大約 30 個國家由非民主政治體制轉型到民主政治體制的原因，他認為這不是一種巧合，包括臺灣在內，這些國家在這個時候出現民主轉型的原因包括：民主價值的普世化、1960 年代的全球性經濟成長、天主教教會的影響、美國的人權政策及民主的滾雪球效應等。在臺灣，中產階級的興起、經濟的快速成長、所得分配平均等擴大政治參與，開啟了民主化的進程。

# 第四時期　當代臺灣「以警管警」治安史（1987-迄今）

　　1987 年，政府宣布解嚴，和 1991 年廢止〈動員戡亂時期臨時條款〉等重大國家體制的改革之後，展開了一連串警政與國家發展的結構性調整，建構臺灣治安成為全球競爭體系國家和世界資本主義體系的一環，其中國家性與其民主轉型的治理能力更牽扯兩岸關係，乃至於區域安全和美國所建構世界秩序的議題。

　　解嚴後，意味著後現代與後殖民相關的同義詞，亦即也意味著當代全球化浪潮的全面襲來的階段。以下將分：解嚴前期威權體制調整軍警分立治安階段（1987-2000），與解嚴後期政府體制轉型警政法治治安階段（2000-迄今）的兩階段論述，以及形塑「以警管警」治安的社會民主化。

## 一、解嚴前期威權體制調整軍警分立治安階段（1987-2000）

　　1987 年，蔣經國總統主政的宣布解嚴，凸顯解嚴前期的首要政府與警政的工作，在於結束動員戡亂時期調整軍警業務分立的治安階段。威權體制的調整可溯自 1986 年 3 月，中國國民黨第十二屆三中全會通過「政治革新」方案；9 月，民進黨正式建黨。

　　1987 年，立法院通過《集會遊行法》、《資深中央民代自願退職條例》、《選罷法》修正案、《人團法》修正案等，一連串攸關政府體制調整與政治民主化的重要法令。特別是解嚴後開放黨禁、報禁與大陸探親，並呼應社會要求的政黨必須退出校園、軍隊、警察等機關，不得繼續成立政黨組織，以及法官不得參加政黨活動。

　　1988 年 4 月 17 日，民進黨通過了「四個如果」的決議文，主張「如果國共片面和談、如果國民黨出賣臺灣人民利益、如果中共統一臺灣、如果國民黨不實施真正的民主憲政，則民進黨主張臺灣獨立。」

　　1990 年 10 月 7 日，民主進步黨第四屆第二次全國黨員代表大會通過〈1007 決議文〉：「我國事實主權不及於中國大陸及外蒙古。我國未來憲政體制及內政、外交政策，應建立在事實領土範圍之上。」明白宣示臺灣事實主權與中國蒙古無涉。

　　1990 年，李登輝當選中華民國第八任總統。1991 年 2 月，國統會通過〈國家統一綱領〉；4 月，通過《中華民國憲法》增修條文；5 月 1 日，終止〈動員戡亂時期臨時條款〉；6 月，廢止《懲治叛亂條例》；1992 年 5 月，修正通過《刑法》一百條，排除思想叛亂入罪。

　　1991 年 10 月 13 日，許信良出任民主進步黨第五屆黨主席。民主進步黨第五屆第一次全國黨員代表大會，修正通過〈建立主權獨立自主的臺灣共和國〉基本綱領，即一般通稱的民進黨「臺獨黨綱」。

　　1992 年 12 月，第二屆立委選舉，民進黨獲得 31%的總得票率及 50 席的立委，相較於國民黨的 53%及 102 席，國內政黨政

治隱然形成；加上 1993 年 8 月，原從國民黨分裂出去的「新國民黨連線」，另行成立「新黨」，再再影響國民黨黨國體制的重大挑戰與改變。

1994 年 7 月，立法院通過《省縣自治法》和《直轄市自治法》；8 月，國民黨召開的第十四屆中央委員會第二次全體會議，宣稱國民黨屬性已從早期的「革命政黨」逐步蛻變為「革命民主政黨」、「富有革命精神的民主政黨」，乃至於成為政黨政治中的「民主政黨」。

12 月，舉辦臺灣省長、北高市長與省議員選舉。1995、1998 年的兩次立委選舉；1997 年，縣市長選舉之後，更加劇朝野政黨因內部權力結構的調整，與理念的歧異，導致政爭的紛擾，國內政黨與政黨之間和各黨自己內部的派系權力角逐已更形尖銳化。

1996 年 12 月，舉行國發會決議應將臺灣省虛級化，引發宋楚瑜的辭職風波。換言之，1996 年，第三屆國大代表選舉與中華民國第 9 任總統、副總統的直接民選，是國家建立自由民主體制關鍵時刻，揭示我國已從威權政經體制的調整中，建立了以主權在民為機制的自由民主政經體制，選舉結果李登輝、連戰當選總統、副總統。

這階段臺灣從解嚴、國會全面改選到總統直選，不但完成了主權在民的價值觀，以及強化主權國家定位，凸顯臺灣追求相對主體性的體目標。從總統、副總統的直接民選，正表示國民黨已不是一個「外來政權」的統治政權，臺灣的權力結構逐漸走向社會開放構成的力量，可以驅策社會走向效率與合理化，並重新設定經濟活動的秩序，引導經濟活動往比較優勢的方向進行，而遠

離賄絡與裙帶主義。

1996 年 3 月，針對總統實施直選，中國大陸展開大規模的軍事演習，並於 8 日和 13 日，在臺灣近海發射四枚不帶彈頭的彈道飛彈進行恐嚇。美國隨即採取行動，調派兩個航空母艦戰鬥部隊駛向臺灣沿海，導致臺灣海峽戰雲密佈的危機。

1997 年，縣市長選舉中民進黨贏得了全臺 12 個縣市的執政權，首次超過國民黨的縣市長席次。1998 年，臺北、高雄直轄市市長選舉中，連任的市長陳水扁失去了臺北市的執政權。但在高雄市長選戰中，謝長廷以些微差距勝選，南臺灣縣市全面由民進黨執政的綠色執政版圖情勢首次出現。2 月，民進黨舉辦「中國政策辯論會」，最終「大膽西進」與「強本漸進」兩條路線互相妥協，達成了「強本西進」的共識。

1999 年，為因應 2000 年總統大選，民進黨通過《臺灣前途決議文》，承認臺灣已是民主的國家，國號是「中華民國」。隨後推選陳水扁與呂秀蓮參選正副總統。選舉結果，陳水扁與呂秀蓮以 2.5%差距，超過得票第 2 高的宋楚瑜勝選，實現臺灣歷史上首次政黨輪替。

有關臺灣重返聯合國的訴求，在國內最早見之於 1986 年民進黨在中央民意代表選舉中的共同政見。1991 年，立法院以臨時提案方式通過「建議行政院積極拓展外交關係，爭取與國，並於適當時機，以臺灣名義申請重返聯合國」。8 月，以民進黨部分立委成員，和 50 名士農工商組成的「臺灣加入聯合國宣達團」，並舉行公民投票進入聯合國活動。同年，行政院成立「參與聯合國決策小組」，以及在外交部設置「參與聯合國專案小組」。

　　1993 年，雖然有「臺灣加入聯合國促成會」的成立，外交部主導的「中華民國各界支援參與聯合國行動委員會」，以及 1996 年 9 月「愛與和平臺灣宣達團」，其所推動的「臺灣加入聯合國」活動。但受制於國內各黨派意識強烈，導致對於參與聯合國的方式與名稱爭議不斷。

　　加上，參與提案連署與發言支持臺灣加入的國家，皆屬小國，效果有限。但藉友邦的發聲凸顯臺灣作為主權獨立國家的事實，並喚起國際社會重視我國所受到國際上不平等待遇。1999 年，李登輝總統首度將兩岸關係定位國家與國家至少是「特殊國與國關係」；2000 年 5 月，民進黨執政陳水扁的提出「一邊一國」主張。

　　1991 年 12 月至 2000 年 3 月，多次選舉導致政治權力結構的改變與調整，更是國家建立政治民主體制關鍵時刻，彰顯臺灣已從戡亂戒嚴體制的轉型中，透過解嚴、國會全面改選到總統直選，完成國家體制的轉型工程，臺灣的治安工作也配合國家體制的轉型進行一連串的變革。

　　就這階段政經體制調整的意義，所謂「統一或獨立」、以及臺灣住民「究竟是臺灣人或是中國人？」等國家認同的議題，隨著兩岸關係互動的成為爭議的焦點，導致臺灣政治權力結構產生很大的變化。

　　國民黨不但在總統大選失掉執政權，同時，也出現臺灣政治史上的第一次政黨輪替，代表民進黨的陳水扁和呂秀蓮當選第十任中華民國總統、副總統。亦即完成了以「中華民國」實質統治範圍的選民，以其國民主權制度化達成作為，戰後臺灣國家的「中華民國」其內部正統性的民主式更新。

## 二、解嚴後期政府體制轉型警政法治治安階段（2000-迄今）

　　2000 年，出現臺灣政治史上的第一次政黨輪替，改由民進黨取得政權之後，執政政府自稱國號雖仍維持「中華民國」，但是國際上的對外場合通常僅稱「臺灣」。

　　這是因為與中華人民共和國有邦交國的政府，因為認知或顧慮中國大陸堅稱的「一個中國」原則，以致於當他們在提及存在於臺灣之事實的國家之際，往往避免使用具有國家含意的用語，而這些國家的大眾媒體也採取和政府同一步調的態度。

　　2004 年，陳水扁當選連任的投票日前夕發生總統槍擊事件，投開票日當天的晚上，連戰、宋楚瑜將聚集在競選總部的支持者帶到總統府前，開始靜坐抗議，並展開往後長達三周的街頭抗議，與此同時也向高等法院提起選舉無效，與陳、呂配當選無效之訴。2008 年，國民黨馬英九又贏回政權，臺灣政治轉型體制的民主化發展又進入新階段。

　　檢視解嚴後期攸關治安重大議題，也出現在首次由警察系統出身的莊亨岱出任警政署長；通過修正《人民團體法》的政黨解散改由憲法法庭處理；修正《國家安全法》的放寬對異議人士返臺的限制；修正《集會遊行法》刪除不得違背憲法的規定等「國安三法」。

　　1996 年，除了已通過《組織犯罪防制條例》，乃至於從 1985 年 7 月公佈施行，再歷經 1992 年與 1996 年修正，直到 2009 年才正式廢止爭議多年的《檢肅流氓條例》。1999 年，廢止《出版法》。2002 年，廢止《懲治盜匪條例》等，都直接影響警備總部與警察治安業務上的調整，和攸關國家體制轉型的重

要法案。亦即國人冀望建構安定的民主體系，亟需要建立一套人人服膺的民主競賽規則，以確保國家治安體系的順利推展。

2003 年，特別是通過的《警察職權行使法》，更落實了依法行政的法律保留原則；此外，在《刑法》、《刑事訴訟法》與《警察勤務條例》的修正、行政救濟制度改革、《行政執行法》修正、《行政程序法》、《行政罰法》制定，行政法制終於朝向落實正當程序原則、周延保障人民權益和促進民眾參與的民主法治精神邁進，直接衝擊著轉型期警察執法思維與法治的內容。

「以軍領警」治安，隨著 1992 年 7 月 31 日警備總部的裁撤，另成立海岸巡防司令部，以及 2000 年 2 月依據《海巡法》成立行政院海岸巡防署，釐清軍管與海巡的業務分置。

2002 年 3 月 1 日，軍管區司令部正式修編國防部後備司令部。2003 年 6 月，修正公布《國家安全會議組織法》規定，國家安全會議為「總統決定國家安全有關之大政方針諮詢機關」，確立軍警的分立，化解戒嚴時期以來的軍民對立狀態。2005 年，通過《內政部入出國及移民署組織法》。2007 年，正式運作轉型期警察的政治色彩逐漸淡化，警政功能得以改善。

威權轉型治安配合國家體制轉型，與政治民主化凸顯了權力的重新分配、政治參與的擴充和落實、民意對政策影響力的增加，以及特權的消除等等。臺灣威權轉型所形成具有的政黨輪替執政機制，也是以政府為核心發展的國家在歷經政經自由化之後，改以為實現國民為主體的民主化意義。

威權統治時代特徵，凸顯依賴威權政府為中心的國家主義來維繫並整合；但是，當威權統治在內外政經衝擊下，就必須轉型依靠以整體國民為中心的國民主義來發展，而使政府能在政策制

定的過程與目標中，反映整體國民的需要、利益和尊嚴，實現真正以國民為主體的國家。

威權轉型的警察行政中立凸顯警察在執行職務時，不僅在政治或政黨議題上要力求中立，平等對待。同時在男女性別、宗教、種族、階層等面向，亦應一切依法行政。換言之，警政中立化的關鍵在於兩次政黨輪替的結果，和逐步進行政府再造和改造的完成。

政府再造的形成，較早見之於 1996 年底，首任民選總統李登輝在國家發展會議所達成「提升行政效率，加速推動政府再造，建立小而能的新政府」、「檢討並簡化政府層級，落實分層負責，縮短行政程序」、「明確規定中央與地方政府之權責區分」、「調整精簡省府之功能業務與組織，並成立委員會完成規劃及執行，同時自下屆起凍結省自治選舉」等共識。

政府再造工程歷經連戰和蕭萬長兩位閣揆，先後成立了政府再造推動委員會與政府再造諮詢委員會，從組織再造、人力及服務、與法制再造等三方面，進行全面性政府再造工程。

綜觀 2000 年首次政黨輪替，民進黨取得執政後，依「政府再造」而改名稱進行「政府改造」。比較具體的成效是 2004年，立法完成《中央行政機關組織基準法》，該法並於 2008 年6 月部分條文修正通過，其中有關增列警察及檢調排除適用之特別規定。

2006 年 8 月 12 日，施明德發出「百萬人民反貪倒扁運動」。由於參與者多數穿紅衫，又稱「紅衫軍」。「紅衫軍」運動起因總統府發生貪瀆弊案，事後還發現調查局高層配合總統府吃案，隱匿總統府海外洗錢弊端。施明德發起一場旨在讓當時涉

嫌貪汙、國外洗錢的陳水扁總統下台，百萬人民共同參與的運動。

施明德是這場運動的總指揮，他被形容「美麗島事件」若是臺灣民主運動的南極，施明德是「美麗島事件」總指揮；「紅衫軍事件」若是臺灣民主運動的北極，施明德也是「紅衫軍事件」總指揮。

2008 年，國民黨馬英九、蕭萬長當選第十二任總統、副總統，臺灣出現了第二次的政黨輪替，臺灣政治民主化又繼續深化的進入政黨競爭發展階段；同時，對政府組織再造更朝向民主化體制邁進，警政業務的執行得以秉持行政中立。然而，「中立化」並不表示沒有立場、沒有價值取向，而是以全民的立場為立場，全民的價值為價值。

政府體制轉型的警察專業化，更隨著軍隊國家化和民主法治化的落實，而在完成民主法治化的其中一項重要元素，就是臺灣地方自治的實施。當前地方警察的預算歸屬地方政府作業，地方警察首長的人事調動已不再是採完全由中央強勢的決定，而是改採尊重地方首長的職權和考量地方治安的需要，先儘量在人選上有了共識後，才由中央發佈，這是有助於警察執法的專業化。

在民主人權方面亦從強調「轉型正義」，試圖除了透過二二八事件、林家血案、陳文成命案、尹清楓軍購案等事件的重新調查，實踐刑事正義彰顯人權政策。諸如 1995 年 1 月《戒嚴時期人民受損權利回復條例》，3 月《二二八事件處理暨補償條例》；以及 1998 年 5 月《戒嚴時期不當叛亂暨匪諜審判案件補償條例》的實施，雖然轉型期合法的政治與法律變革所具有的規範性限制，通常有一連串的矛盾性。

　　2000 年 11 月，修正通過《戒嚴時期不當叛亂暨匪諜審判案件補償條例》，該條例適用範圍稍有擴大，也包含戒嚴施行前夕的左翼迫害事件，和 1979 年美麗島事件在內。同時，官方又比照「財團法人二二八事件紀念基金會」方式，成立「戒嚴時期不當叛亂暨匪諜審判案件補償基金會」。然而，轉型正義必須尊重回歸歷史傳承的漸進改革過程，對於有些特殊的政治性案件應該避免導致轉型正義的意義受到扭曲。

　　檢視戒嚴時期國民黨政府制定管制經濟的管制規則，常常淪為少數個人或獨占事業的保護工具，極易形成政治經濟學家所謂的「企業化政客」，企業化政客經常利用各種政治上的方便或職位上的權力，鑽營法規的漏洞，或創造有利於自己的法規。由於政府一直控制了規模十分龐大的公營企業與各種特許行業的許可權力。加上，當時執政的國民黨政府又擁有許多黨產和黨營企業，雖然到了 1990 年代的轉型而逐漸民營化，但是黨國資本主義的主要受益者並未在全球化與新自由主義的改革中遭到淘汰，大部分反而在法規鬆綁所帶來的金融及證券、電信及媒體、石油銷售、甚至是機場建設等大型公共工程的參與中獲得了新的利益和地位。

　　政治家和資本家之間的恩庇關係，如今換成另一種形式的政企關係的「黑金」結構，導致執政長達 56 年的國民黨，不得不在 2000 年總統大選失敗之後，由民進黨陳水扁執政，但政企關係的「黑金」結構型態並未獲得改善，仍延續至 2008 年的政黨再次輪替，由國民黨馬英九的當選總統。

　　總統大選的政黨再次輪替，警察與國家發展從轉型期進入民主的深化，更凸顯警察依法行政的法治化功能，而有別於政治是

競爭或經營權力的位置，先分敵友而決定是非；法治則是不問誰是敵友而依據法律斷是非。

2009 年，完成《行政院組織法》，和實施《公務人員行政中立法》，其中第九條規定公務人員不得為支持或反對特定之政黨、其他政治團體或公職候選人從事如站台、拜票、主持集會、發起遊行或領導連署等高度政治性活動，而被批評箝制講學自由及剝奪政治權力等違反人權的質疑。亦即言論自由受到憲法保障，不得立法侵犯。

警察與國家發展的強調法治治安為了確實保障人權，不但將沿用多年的戶警合一措施改採戶警分立制，戶口查察也改採具資訊隱私或自決權的家戶訪查方式來進行。2009 年，簽署〈公民與政治權利國際公約〉與〈經濟社會文化權利國際公約〉，以及警政署要求警察單位作筆錄不再按捺指紋，以尊重人權。

2012 年 3 月「雷震紀念館暨雷震研究中心」在政治大學成立，馬英九代表政府表示，政府面對歷史，沒有任何的禁區，對於過往白色恐怖的歷史，政府會誠實面對、誠實認錯、誠實道歉、誠實改錯。

民主法治化讓警察專業執法的功能得以發揮，讓民主鞏固擴大了人權保障的範圍，真正實現警察執法是為保障人權執法，達成行使警察權的人權保障與治安任務的衡平，貫徹憲法人權保障旨在「限制國權，保障民權」，以民主為基礎來踐行法治國原則。

2013 年 7 月 24 日，馬英九總統在國民黨中常會前，特別為軍中發生洪仲丘命案向國人鞠躬道歉。8 月 3 日，由「公民 1985 行動聯盟」發起為洪仲丘之死的討真相、懲真兇，計有 25 萬民

眾聚集總統府前的凱達格蘭大道。

這是一次公民自發性新型態的社會運動，公民力量的崛起，政黨、政治人物不介入的場域，展現公民自覺力量的現代公民社會，這凸顯臺灣民主政治的轉型，更趨近於成熟的民主化社會。

2014 年 3 月 21 日，大法官會議針對 2008 年底發生的「野草莓事件」，群眾遭驅離所引發《集會遊行法》申請許可是否違憲作成 718 號解釋，《集會遊行法》採許可制合憲，但該法第 9、12 條「緊急偶發性狀況、24 小時前申請許可」的規定，不符比例原則，宣告違憲，並自 2015 年 1 月 1 日後失效。

《集會遊行法》的修正，也從早期「罵不還口、打不還手」的態度，調整為依法保障合法的憲法人權，將《集會遊行法》從本質上屬於一般禁止之特定行為的許可制，雖有改為原則上視為人民權利的報備制審議，惟依 2021 年實施《集會遊行法》規定，對於室外集會、遊行，應向主管機關申請許可。

2014 年 3 月 18 日至 4 月 10 日，爆發「太陽花事件」，學生與公民團體佔領立法院和行政院辦公室，該事件滋事者雖部分被移送法辦後判不起訴處分，從警察執行公權力，和對於社會秩序的維護，凸顯臺灣政經體制的民主鞏固與轉型有待更趨成熟和法治觀念的加強。

2016 年 5 月 20 日，民進黨籍蔡英文總統宣誓就職，臺灣出現第三次的政黨輪替，同時新政府標榜社會轉型正義為其施政的重要目標。所謂「轉型正義」（Transitional Justice）是民主國家對過去對獨裁政府實施的違法和不正義行為的彌補，通常具有司法、歷史、行政、憲法、賠償等面向。

亦即由政府檢討過去因政治思想衝突，或戰爭罪刑所引發的

各種違反國際法或人權保障的行為，追究加害者之犯罪行為，取回犯罪行為所得之財產權利。此亦考慮「制度性犯罪」的價值判斷與法律評價。

轉型正義的目的為鞏固和保障基本人權之普世價值，以督促政府停止調查、懲處、矯正、和預防未來政府對人權的侵犯。因此，就民進黨蔡英文政府所提出「轉型正義」的論述，其最重要的目的就是揭露歷史的真相。

揭露真相是為了諒解，其核心工作：第一、是追求「正義」必須導正威權政治打壓所造成的冤案或迫害；第二、是追求「轉型」各種體系，因威權與軍事化統治所造成的扭曲，如軍人進入教育體系、新聞與文化出版的審查、或以中華國族中心主義的強壓各族群，並藉此記取教訓使類似事件不再發生。

2017 年，通過《促進轉型正義條例》，執行項目包括：一、開放政治檔案。二、清除威權象徵、保存不義遺址。三、平復司法不法、還原歷史真相，並促進社會和解。四、不當黨產之處理及運用。五、其他轉型正義事項。期望臺灣能夠逐漸消弭過去戒嚴、白色恐怖時期的傷痕。

然而，也引發朝野對於「正義」與「不正義」的各自解讀，致使社會存在許多的爭議。尤其是成立的「促進轉型正義委員會」，並非要進行政治清算，其重點並非在斬草除根，而是強調以人權為核心的自由民主憲政秩序的建立，以人權的包容來化解社會的對立與仇恨。

蔡英文政府實施《促進轉型正義條例》，其委員會的組成過程，由於委員部分過於偏向政黨或意識形態的色彩，曾被前民進黨主席施明德批評是「一羣沒有奮鬥史、沒有聲望、欠缺專業良

心的人組成」，導致該委員會淪為政黨意識形態或個人派系利益鬥爭的工具，喪失該有的公正、客觀的立場。

「促轉會」爭論最大的議題包括：亟欲將中國青年救國團、中華民國婦女聯合會，和中華救助總會等機構的視為國民黨附隨組織，這是假轉型之名、行真豪奪的「轉型不正義」。凸顯「促轉會」該執行過程，完全未顧及當年時空環境的歷史背景與變遷，讓部分人士深感有被鬥爭的氛圍。

2019 年，蔡英文政府針對與 1993 年通過「國家安全會議組織法草案」、「國家安全局組織法草案」、「行政院人事行政局組織條例草案」的所謂「國安三法」，其有關的國家安全與兩岸關係的議題，分別通過「刑法部分條文修正案」、「國家機密保護法部分條文修正案」、「兩岸人民關係條例增訂第五條之三修正案」，「國家安全法部分條文修正案」，以及「兩岸人民關係條例部分條文修正案」等所謂的「國安五法」。

2020 年 5 月 20 日，蔡英文連任總統。12 月 5 日，在出席「白色恐怖景美紀念園區」舉行世界人權日典禮上，特別提到，四年前（2016）她宣示推動轉型正義，包括建立獨立機關促轉會、國家人權委員會、人權博物館，但要扭轉過去執政者對轉型正義的不作為，該做的事情還有很多。

但在執行過程中，也遭致輿論批評。臺灣轉型正義的法制與實踐，卻是蔡英文政府以「體制暴力」方式來迫害人權，不檢討現在發生的問題，用意在鞏固政權，以確保執政的正當性，根本不是轉型正義，而是建立新黨國。

蔡英文政府成立促轉會、黨產會等類如「東廠」單位，更把國家傳播委員會（NCC）、大法官「東廠化」。2022 年 5 月 31

日，蔡政府宣布促轉會的停止運作，其在臺灣轉型民主體制的具體成效如何？見仁見智。

承上論，2001 年，儘管蔡英文曾於陳水扁執政時期表示「未來一中是唯一選擇」，但在民進黨執政下的凸顯「中華民國是臺灣」。蔡英文總統執政期間，在一般場合的刻意凸顯「中華民國臺灣」，其在強調中華民國就是臺灣的歷史事實意涵。

臺灣等於國家的概念，尤其又處在中國大陸「武統」的威脅下，更激起部分臺灣人「去中國化意識」的尋求「獨立自主」目標，凸顯其「抗中保臺」氛圍的高漲，並在選舉中讓民進黨使用該訴求，以獲得繼續執政的機會。

2024 年 5 月 20 日，新當選總統的民進黨賴清德，在其就任總統典禮上的挑明「中華民國、中華民國臺灣、臺灣」都是國家的名稱；在兩岸關係上，是「中華民國與中華人民共和國互不隸屬」，其所謂「新兩國論」，雖略有別於李登輝總統任內所提「特殊國與國的關係」，但顯然在思維上是比較近似於陳水扁總統任內主張的「一邊一國」論調。

當我們國家面臨國家認同與兩岸關係的特殊處境時，再加上美國與中國大陸的兩大強國爭霸，我們本可在主觀上有能建立國家認同與兩岸關係的共識，但是在客觀上遭遇國際利益的爭奪，我們社會出現「親美友日和中」或「親日友美仇中」等不同思維的爭論，讓我們對於國家認同與兩岸共識的更加複雜化與嚴峻化。

# 三、社會法治化「以警管警」治安

解嚴之後，轉型期的臺灣社會現象呈現出各個文化族群的自主意識，扎根的歷史雖有不同，在價值上是平等的，國家或者族群相互之間都必須尊重這種文化的多元性。

社會性治安已不在只是凸顯環保、原住民、勞工、消費者意識、老兵返鄉、毒品、電玩、簽賭、飆車、消防救災、教改等議題上，而是已經延伸到對整個大地生態、人民居住環境、外勞、外籍配偶的關懷，諸如反核電運動、客家母語文化運動、無住屋者團結運動、民間司法改革運動等。

臺灣多元化社會所引發貧富差距，和多重族群的議題，成為轉型時期臺灣的多元化社會治安議題，各類社會運動也逐漸從直接的反支配的抗爭目的，轉移到提出具體的政策改革，以進行與政府相關部門的對話方式，戒嚴時期的激烈社會街頭抗爭已較少見。

因此，將從貧富差距、自主意識、多重族群等三項社會議題所引發的多元化社會治安加以檢視。

## （一）社會貧富差距

解嚴之後，臺灣社會所凸顯的貧富差距的現象，其之所以形成實導因於，長期以來政府實施以農業支援工業發展的不均衡政策，以及公營、黨營事業的寡占市場特權，致使社會出現嚴重財富分配不合理的現象。

解嚴以來，民間社會對於國民黨的黨營事業，和政府主導公

營事業的支配，出現了強烈的批判與改革呼聲。執政的國民黨政府採取的是以發展夥伴式經濟策略，持續以自由化、國際化、制度化的「經濟三化策略」，及科技導向策略的發展高科技工業政策，來因應臺灣社會多元化、美國新保護主義，及區域經濟發展的競爭，因而持續受到經濟外部不平衡的壓力，更凸顯在勞工、農民，和反核抗爭的社會治安議題上。

勞工運動抗爭的議題，在凸顯解嚴之後，勞資雙方協商的失敗，和勞委會無力解決勞資問題。與原有工會對峙的新興自主工會遂紛紛成立，更暴露接受國民黨控制的工會已無法代表勞工爭取其應有的權益，而日益遭到勞工階級的排斥和不滿；甚至一些跨地區的「工會兄弟會」、「勞工聯盟」、「自主工聯」亦展現其串連動員的運動手段。諸如工黨的成立，及從其組織出走的勞動黨，更使得勞工運動的政治色彩，增加許許多多不可預測的複雜因素。

戒嚴時期臺灣的農會組織也如同勞動團體組成的工會一樣，幾乎完全受到國民黨政府的支配和控制，未能具有充分的自主性格代表小農權益與政府展開溝通。解嚴之後，逐漸升高自主性的農業組織和農民團體開始與原有國民黨控制下的農會、水利會等團體分庭抗禮。尤其是各縣市「農民權益促進會」的組織紛紛成立。

1988 年 5 月 20 日，由雲林「農民權益促進會」主導，起先是單純的農民抗議國民黨政府長期以來犧牲農民權益，提出舉辦農保，及停止國外農產品進口等請願的訴求活動，結果卻演變成為入夜後大規模的城市暴動，估計約有 50 多名的抗爭民眾被逮捕。同情農民、反對憲警暴力的學者將近二百多人發表「我們的

呼籲」。

「520 事件」之後，政府對於農民運動的訴求才開始緊張，而認真的面對與回應。最後，該事件所引發的治安議題導致農委會主委的下台，以及國民黨政府不得不該年底召開「全國農業會議」，同時，為了表示重視農民權益，亦邀請抗爭最力的農權組織參加。

1997 年 5 月，臺北街頭重現抗議人潮，從「五〇四」、「五一八」到「五二四」，不同的社會團體進行跨黨派、跨統獨、跨議題的串聯，群眾主要訴求「白曉燕命案」的治安事件，民眾憂心社會治安日益惡化、厭惡只會政治鬥爭的政客，與形式民主的政黨分贓。

接連幾次的街頭抗議事件，政府因應得宜下，抗爭的活動理性和平落幕。部分社運團體轉而提出離開街頭抗爭回歸社區營造，和草根民眾結合的行動主張，做為日後社會運動的實踐標的，農運的街頭暴力現象漸趨和緩。

1980 年以前，臺灣的社會運動並未出現反核運動。1985 年初，監察院由於政府興建核四廠的經費一再增加，繼而又有立法委員再對核四議題提出緊急質詢。5 月，當政府宣布核四暫停興建後，反核的行動者有更組織化的情形，反核的聲浪受到國內外核電廠意外事件的助長，有從都市向核廠地區的偏遠角落發展的情形。

1988 年春節之後，住在核四預定地附近的居民組成「鹽寮反核四自救委員會」，接著環保運動人士發動反核禁食抗議行動，並編組了一個「1989 年反核委員會」開始與台電興建核四做持久性的抵制。尤其是凸顯在解嚴初期的階段，社會改革和政

治改革運動的密切關係，更使得國內的治安環境複雜化。

　　隨著轉型社會運動的制度化與專業化，以及新自由主義的時代伴隨著消費主義時代在九〇年代的強大支配力，八〇年代大規模的反抗社會運動顯然受到多元、自主文化的影響。

　　1994 年，「生為臺灣人的悲哀」發言欲重返聯合運動。1996 年，總統直選，李登輝政權獲得比較穩固的使用「生命共同體」，來論述國民統合理念。1999 年 7 月 9 日，李登輝在接受德國廣播公司「德國之聲」訪問時宣布中華民國與中華人民共和國是「特殊的國與國關係」。

　　如果比較蔣介石、蔣經國與李登輝等三位總統的「中華民國意識」。蔣介石強調中華民國的存在，對臺灣的施政寄望於「改土歸流」的「中國化」；蔣經國執政推動「本土化」的寄望於保有「中國情結」；到了李登輝執政推動的「民主化」已近乎「在地化」程度了。

　　2000 年，政黨輪替後，臺灣各地強調主體意識的知識份子，和文化界人士的意見團體，開始以南部「南社」、中部「中社」之類的型態組織起來，在「臺灣團結聯盟」（簡稱臺聯）成立之前。2001 年 6 月，李登輝也出席了「北社」的成立大會。接著「臺聯」的外圍組織「李登輝之友會」、「群策會」、「李登輝學校」陸續成立，並尊稱李登輝為該黨精神領袖。

　　2002 年 5 月，李登輝參加了「臺灣正名運動聯盟」，以「臺灣正名」為訴求在臺北與高雄兩市舉行遊行活動。10 月，「群策會」以「邁向正常國家」為題舉行研討會，明確標榜「正常國家」路線的理念，承續李登輝「特殊國與國關係」的「兩國論」主張。

　　2006 年 8 月，前總統李登輝在「臺聯」黨慶後與媒體茶敘表示，臺灣已經是主權獨立的國家，只有正名和制憲等法律問題未解決，他不認為一定要用宣布獨立的激烈方式尋求臺獨，甚至影響其他國家的關係。李登輝強調，過去因為本土與外來政權對抗的歷史背景，才會發生「本土政權」的名詞，但是容易出現分離與對抗，這樣也無法包容國民黨內部有臺灣主體意識的人。

　　李登輝認為，臺灣應建立新時代臺灣人的觀念，無論是四十年前的新住民、兩百年前的移民，甚至於原住民，只要認同臺灣，都是「新時代臺灣人」，應以「臺灣主體政權」一詞取代「本土政權」的說法。

## （二）自主意識

　　解嚴之後自主意識的普遍形成，如果以臺灣兩大政黨的國民黨和民進黨，其所揭櫫不同訴求所引發的爭議，呈現彼此意識形態的對峙。

　　政治上，以國民黨為主的泛藍政團強調「作為主權獨立的臺灣國家之中華民國」、「作為一個主權獨立的臺灣國家，參與國際社會」。以民進黨為主的泛綠政團則強調「主權獨立的臺灣共和國」、「以臺灣為名義參與國際社會」。

　　經濟上，以國民黨為主的泛藍政團強調「市場自由化」、「經由大陸市場，有助於市場國際化」；以民進黨為主的泛綠政團則強調「市場自由化」、「國際化不能依賴大陸市場」。

　　社會文化上，以國民黨為主的泛藍政團強調「中華民國與臺灣樣式的融合」；以民進黨為主的泛綠政團則強調「去中國化、

臺灣正名」。

　　也因為轉型期臺灣社會自主意識的抬頭，加上各政黨間對意識形態的堅持，導致社會對立的情勢日趨嚴重，各政黨為在選舉中取得勝利，乃各自動員支持的群眾上街遊行，展現動員能量。然而，遊走法律邊緣的情事時而發生，其所引發的治安事件層出不窮。

## （三）多重族群

　　1996 年總統直選，臺灣社會出現一種以臺灣現住公民為疆界，有主權國家象徵的選舉競爭，以及國家帶動、鼓勵的「社區總體營造」，進一步帶出「公民自主意識」的氛圍，凸顯多元化社會族群自我主張運動，也促使政府在中央部會先後成立了客家委員會和原住民族委員會，來建構「多重族群社會」，以回應原住民、老兵返鄉、外勞、外籍配偶等弱勢族群的權益。

　　從原住民族對其自身所擁有正統性的復權訴求，進者乃是對於戰後臺灣國家及其主流民族，亦即漢人其內部殖民主義的控訴，遠者更可溯自 17 世紀以來對漢人的殖民，以及近代日本帝國主義體制下，長期累積而爆發出來的一種「去殖民地」運動。

　　檢視戰後原住民族的訴求還我土地運動，旨在要求政府歸還其故有祖居地，和內部的自治運動。原住民族的這項復權運動，不但與臺灣社會自主意識思維的興起齊頭並進，並因其自身所具備的正統性訴求，影響了多重族群社會的重組與多元文化主義理念的抬頭。

　　1975 年，特別是警察沒收長老教會編撰的泰雅語聖經和讚

美歌集，以及 1981 年，山地長老教會遭各地方政府，視作「違反使用保留地的外部團體」，而徵收高額地租，卻不問那究竟是建於原住民信徒所提供的山地保留地，或是租用國有地而興建的。

1988 年 7 月，「臺灣原住民族還我土地運動聯盟」成立，並展開「為求生存、還我土地」的遊行示威。1993 年，臺灣的原住民族呼應國際原住民族運動的「自然主權」與「民族自決」主張，政府為了平息原住民一連串的抗爭活動。1996 年 12 月，成立「行政院原住民委員會」。

1998 年，通過《原住民族教育法》。2001 年，公布《原住民身分法》，隔年改名「行政院原住民族委員會」。2005 年，通過《原住民族基本法》，但是有關原住民族等團體訴求憲法條文明確保障自治權，與土地權議題的抗爭，仍未完全獲得合理解決。

族群認同，不管是閩南人、客家人、原住民或外省族群，從國家社會性格的角度而論，臺灣是一個移民社會，族群認同和文化認同隨著兩岸關係發展，慢慢轉變成文化尋根的層次，這也表示民眾強調「原生論」的認同，認為不要單把族群認同，擺在與國家認同的「結構論」和「建構論」的國族認同。臺灣發展需要的是融合多元文化，孕育共享。尤其是要共同建立「臺灣自我的歷史意識」與「世界史的定位」的新思維。

轉型期社會治安所凸顯的多元化社會，也面臨民主化之後臺灣政治，呈現出一種圍繞著臺灣的濃厚「認同政治」、「認同文化」樣貌的挑戰，雖繼續強調要「把國家找進來」，但絕「不是要把社會踢出去」，強壯的經濟必然需要強壯的國家，而強壯的

國家必然伴之以強壯的社會支撐。

　　警察隨著解嚴後的威權轉型的為法制化和專業化，特別是《社會秩序維護法》取代《違警罰法》。該法為維護公共秩序與確保社會安寧，針對如無正當理由攜帶具有殺傷力之器械、化學製劑，或其他危險物品者。妨害善良風俗，如從事性交易。妨害公務，如故意向該公務員謊報災害者。妨害他人身體財產災害者，如加暴行於人者。

　　根據大法官釋字第 166 號解釋有關警察官署裁決之拘留、罰役，係關於人民身體自由所為之處罰，應改由法院依法定程序為之，以符《憲法》第八條第一項之意旨，以及受第 251 號文解釋的影響，將自由剝奪之處罰回歸憲法。

　　同時，在警察任務上，轉型期的警察任務不但從戡亂戒嚴體制的「以軍領警」轉移解嚴後「以警管警」的專業的角色。相關警察業務的調整，諸如消防、水上、移民、外事、保安等也都已經陸續「除警察化」，調整為不再繼續扮演「制服警察」的執行治安任務，走向人性化的警政管理模式。

# 結論：民主、警政與服務治安時代

　　本書將臺灣警政治安史分為：第一時期前近代臺灣「傳統警察」治安史（-1895）、第二時期近代臺灣「以軍治警」治安史（1895-1945）、第三時期現代臺灣「以軍領警」治安史（1945-1987），與第四時期當代臺灣「以警管警」治安史（1987-迄今）等四個時期。

　　這略有別於我曾在《臺灣政治經濟思想史論叢（五）：臺灣治安史略》的分為：前現代傳統治安年代（-1895）、現代軍管治安年代（1895-1987），與後現代警管治安年代（1987-迄今）等三個時期。

　　現在本書之所以將其分為四個時期，而與之前論述的分三個時期，其最大區別在於本次，我將原先「軍管治安年代」（1895-1987）的重新細分為：日本統治臺灣「以軍治警」治安（1895-1945），與國民政府「以軍領警」治安（1945-1987）的兩個時期。旨在我對上述這兩個的政府性質，和其治安上軍事介入程度的強弱做出了區別。畢竟日本殖民性政府的「以軍治警」，要比國民黨戒嚴政府的「以軍領警」，在對臺灣社會管制與讓人民感受來得嚴峻許多。臺灣警政治安史的結構與變遷，聚焦於政府、警政與社會關係的論述，凸顯了從最初的扮演戰時軍人國家安全的「維護政權」，歷經秩序維持與打擊犯罪的「執行

法律」，以及當前強調傳輸福利與追求效率的「公共服務」等三種角色的發展與配合政經體制轉型的歷程。

從政治與經濟整合理論的印證臺灣警政治安史結構與變遷，臺灣面臨一個全球化治安時代，一個功能性政府存在是比較符合法治、專業、創新與服務的民主警政發展途徑，不在受制於政治或意識形態的介入。

特別是當前臺灣面對國際強權與政經利益糾葛的挑戰，國際陸續發生的全球金融風暴和恐怖主義的盛行，更印證美式資本主義制度運作的缺失。對於美國企業倫理價值的破滅，更凸顯政治與經濟整合理論來彌補過度強調自由市場經濟，無法使經濟成長雨露均霑的弊端。

20 世紀諾貝爾經濟學獎得主史迪格利茲（Joseph E. Stiglitz）指出，政策基礎不在於自由市場的意識形態，而在於了解市場及政府的有所極限，建構一個屬於全球社會正義，以及政府與市場的均衡角色，這樣我們才有可能創造出社會榮景。

警政發展亦應藉由現代社會高度互賴、互惠的整合性新思維，並將其促使全球國家間建立國際性法令、規則、規範或組織，來處理全球性共同治安的議題，以建構「全球治安一體」的合作機制，達成治安服務為人民，創造最高福祉的目標。

臺灣當隨著政治民主的深化，警察功能已經脫離了較受爭議的工具性「維護政權」，而轉型以「依法維持公共秩序、保護社會安全、防止一切危害、促進人民福利」的目標，亦即在「執行法律」之外，強調緊守行政中立的加強警察專業勤務，以促進民主警察服務功能的職責。

# 附錄三：【臺灣政治經濟思想史論叢】（卷一至卷八）要目

## 臺灣政治經濟思想史論叢（卷一）
## ——資本主義與市場篇

## 目　次

自　序

第一部分　臺灣政經發展通史

● 資本主義與臺灣產業發展

　　一、前言

　　二、西方資本主義緣起與發展

　　三、臺灣產業發展

　　四、結論

● 兩岸經貿史的結構與變遷

　　一、前言

　　二、原住民時期兩岸經貿關係

　　三、荷治臺灣時期兩岸經貿關係

　　四、明清時期兩岸經貿關係

　　五、日治臺灣時期兩岸經貿關係

　　六、國共內戰時期兩岸經貿關係

七、蔣介石時期兩岸經貿關係

八、蔣經國時期兩岸經貿關係

九、李登輝時期兩岸經貿關係

十、結論

●近代經濟思潮與臺灣經濟特色

一、前言

二、近代西洋經濟思潮分期及其理論

三、16-17 世紀重商主義與荷治臺灣時期經濟特色

四、17-18 世紀重農學派與明清時期臺灣經濟特色

五、18-19 世紀古典學派與日治時期臺灣經濟特色

六、20 世紀凱因斯學派與國民政府時期臺灣經濟特色

七、結論

●近代臺灣地方自治與治安關係

一、前言

二、地方自治的界說

三、近代臺灣地方自治與治安關係的分期

四、清領時期地方自治與治安關係（1683-1895）

五、日治時期地方自治與治安關係（1895-1945）

六、戒嚴時期地方自治與治安關係（1945-1987）

七、解嚴後地方自治與治安關係（1987-迄今）

八、結論

●臺灣警察法制歷史的省察

一、前言

二、歷史警學與臺灣警察法制的演進

三、臺灣警察法制的傳統治安時期（-1895）

四、臺灣警察法制的軍管治安時期（1895-1987）

五、臺灣警察法制的警管治安時期（1987-迄今）

六、結論


## 第二部分　臺灣政經發展斷代史

### ●明清時期漳商的「在臺落業」

一、前言

二、本文的研究途徑與結構說明

三、漳商「在臺落業」與農業發展

四、漳商行郊與洋行的商業結構轉型

五、漳商與臺灣近代化工業的推動

六、結論

### ●荷鄭時期臺灣經濟政策與發展

一、前言

二、制度理論與本文結構說明

三、荷鄭時期臺灣經濟發展與世界體系的接軌

四、重商主義的緣起與發展

五、荷治臺灣重商主義的政策分析

六、鄭氏臺灣重商主義政策的中挫

七、結論

● 清領時期臺灣經濟政策與發展

　　一、前言

　　二、研究方法與結構說明

　　三、清領臺灣的歷史意義

　　四、土地開墾與農業發展

　　五、行郊組織與經貿政策

　　六、官督商辦與近代工業的發軔

　　七、結論

● 日治中期臺灣設置議會與新文化運動

　　一、前言

　　二、文獻分析與研究途徑

　　三、日治中期臺灣設置議會運動

　　四、日治中期臺灣新文化運動

　　五、結論

● 臺灣方志文獻的治安記述

　　一、前言

　　二、臺灣地方志的治安記述

　　三、結論

● 臺灣隘制、治安與族群關係的變遷

　　一、前言

　　二、臺灣隘制的緣起與發展

　　三、隘制初期以開墾土地為主的治安與族群關係（1768-1860）

四、隘制中期以經濟作物為主的治安與族群關係（1860-1895）

五、隘制晚期以民族運動為主的治安與族群關係（1895-1920）

六、結論


## 第三部分　戰後臺灣政經發展

### ●戰後臺灣政經體制與產業發展的演變

一、前言

二、政經體制與產業發展的分期

三、確立權衡體制與戰後復員的軍事力主軸

四、鞏固權衡體制與發展輕工業的經濟力主軸

五、調整權衡體制與發展重工業的政治力主軸

六、轉型權衡體制與發展策略性工業的社會力主軸

七、建立民主體制與發展高科技工業的競爭力主軸

八、結論

### ●戰後初期吳新榮的政治參與與文學創作

一、前言

二、臺灣地方自治與臺南縣參議員

三、二二八事件與第二次牢獄之災

四、鹽分地帶文學發展與吳新榮角色

五、結論

### ●戰後臺灣企業與政府之間的關係

一、前言

# 臺灣政治經濟思想史論叢（卷二）
## ——社會科學與警察篇

# 目　次

- ●明清時期臺灣社會土著化與閩南文化發展
  - 一、前言
  - 二、地緣經濟研究途徑
  - 三、閩南人移墾與臺灣社會土著化
  - 四、閩南文化的形成與發展
  - 五、結論

- ●清領時期臺灣紀遊文獻的社會意涵
  - 一、前言
  - 二、清領時期臺灣紀遊文獻意義
  - 三、清領臺灣時期紀遊文獻介紹
  - 四、清領臺灣紀遊文獻的社會意涵
  - 五、結論

## 第二部分　臺灣政經發展的文化性思維

- ●臺灣經濟發展的倫理觀
  - 一、前言
  - 二、經濟倫理的意涵
  - 三、市場與政府的整合性角色
  - 四、臺灣經濟發展中的倫理議題
  - 五、結論

- ●資本主義與臺灣媽祖信仰
  - 一、前言

二、均衡理論的發展與應用

三、安全產業定義與範圍

四、臺灣發展安全產業策略分析

五、結論

● 經濟與警察的安全性整合論題

一、前言

二、經濟學與警察學的科際整合研究途徑

三、文獻探討與結構說明

四、經濟與警察的安全性整合論題

五、結論

● 日治時期臺灣經濟政策與發展

一、前言

二、殖民化經濟理論的研究途徑

三、日治臺灣經濟政策與發展的分期

四、「工業日本農業臺灣」的經濟政策與發展

五、「工業臺灣農業南洋」的經濟政策與發展

六、結論

● 戰後臺灣警察與國家發展的關係

一、前言

二、以軍領警時期警察與國家發展的關係

三、專業領導時期警察與國家發展的關係

四、結論

# 臺灣政治經濟思想史論叢（卷三）
## ——自由主義與民主篇

# 目　次

● 近代臺灣發展本土化的變遷

　　一、前言

　　二、臺灣發展本土化的意義

　　三、歷史地理與原漢語族

　　四、反荷蘭掠奪時期的本土化

　　五、反列強入侵時期的本土化

　　六、反日本殖民時期的本土化

　　七、中華民國時期反國際共產赤化

　　八、結論

● 中華民國大陸時期警政發展（1912-1949）

　　一、前言

　　二、近代警政思想與晚清建警

　　三、國會政黨競爭與警政奠基期（1912-1914）

　　四、南北分裂政府與警政混亂期（1915-1928）

　　五、中央地方分治政府與警政重整期（1928-1949）

　　六、結論


第二部分　臺灣觀點與治安史書寫

● 我的臺灣治安史研究、教學和書寫

　　一、前言

　　二、六時期、四因素、三階段

　　三、臺灣治安史研究架構

四、日治中期政治性治安的分析（1920-1930）

五、日治末期經濟性治安的分析（1930-1945）

六、結論

● 中華民國臺灣時期戒嚴治安分析（1945-1992）

一、前言

二、後現代威權國家與戒嚴治安分期

三、戒嚴初期軍事性治安的分析（1945-1974）

四、戒嚴中期政治性治安的分析（1975-1987）

五、戒嚴末期經濟性治安的分析（1988-1992）

六、結論

第三部分　臺灣企業與中國式管理

● 近代管理思潮與臺灣企業管理演進

一、前言

二、管理的意涵

三、管理的範圍

四、管理者的角色

五、管理是藝術或科學

六、管理思潮的演進

七、臺灣的企業管理發展

八、結論

● 中國式人間學管理的探討

　　一、前言

　　二、現代人的十大壓力

　　三、人間學的三度與四類概念

　　四、人間學的本體觀與應用觀

　　五、中國式人間學管理的三個 10 論

　　六、結論

　　七、建議

● 多元化一體發展與臺灣文創產業分析

　　一、前言

　　二、市場經濟與政府角色的論辯

　　三、文創產業的內涵與範圍

　　四、多元化一體發展的臺灣文創產業

　　五、結論

● 臺灣媽祖文創產業的客製型管理

　　一、前言

　　二、研究途徑與文獻探討

　　三、媽祖文化特性

　　四、企業發展客製化型服務精神意義

　　五、媽祖文化與客製型服務精神結合

　　六、結論

# 臺灣政治經濟思想史論叢（卷四）
## ──民族主義與兩岸篇

# 目　次

三、中共意識型態理論

四、中共政策的改革開放

五、兩岸關係的差異性與平衡性

六、結論

## 第三部分　兩岸關係發展與變遷

### ●近代兩岸關係發展史略

一、前言

二、原住民時期兩岸關係發展（-1624）

三、荷西時期兩岸關係發展（1624-1662）

四、東寧時期兩岸關係發展（1662-1683）

五、清領時期兩岸關係發展（1683-1895）

六、日治時期兩岸關係發展（1895-1945）

七、中華民國時期兩岸關係發展（1945-迄今）

八、結論

### ●余英時自由主義思想與兩岸關係評論

一、前言

二、余英時傳承自由主義思想

三、余英時對國民黨兩岸關係的評論

四、余英時對民進黨兩岸關係的評論

五、余英時對共產黨兩岸關係的評論

六、結論

# 臺灣政治經濟思想史論叢（卷五）
## ──臺灣治安史略

# 目　次

第七節　國治時期戒嚴治安大事記


下編　臺灣治安史第三大階段歷史變遷：
　　　後現代的臺灣警管治安年代（1987-迄今）

● 第八章　國治時期與解嚴治安（1987-2019）

第一節　國治時期轉型治安議題

第二節　後冷戰時代涉外性治安

第三節　政黨型政治性治安

第四節　夥伴式經濟性治安

第五節　多元化社會性治安

第六節　轉型政府型態治安角色

第七節　國治時期解嚴治安大事記

● 第九章　結論與建議

第一節　結論：臺灣治安史的三大階段歷史變遷

第二節　建議：服務性政府型態治安角色

參考文獻

# 臺灣政治經濟思想史論叢（卷六）
## ——人文主義與文化篇

# 目　次

七、李敖柏楊著作與胡適的文化記述

八、結論

## 第二部分　中華儒家文化

### ●余英時人文主義的通識治學之探討

一、前言

二、余英時的學術淵源

三、余英時的史學取徑

四、余英時的儒家思想

五、余英時的人文素養

六、結論

## 第三部分　中華文化主體性

### ●徐復觀激進的儒家思想與本土化思維

一、前言

二、徐復觀的政治與學術之間

三、新儒家文化的緣起與發展

四、徐復觀激進的儒家本土化思維

五、結論

附錄：臺灣政治經濟思想史論叢（卷一至卷五）總目錄

# 臺灣政治經濟思想史論叢（卷七）
## ——政治經濟學與本土篇

# 目　次

# 第二部分　文學藝術篇

## ●當代臺灣文化資源的創新轉化
### ——以胡適、余英時論著的文化再生為例
一、前言

二、胡適自由民主文化資源的創新轉化再生

三、余英時歷史學術文化資源的創新轉化再生

四、結論

## ●二戰前後臺灣社會雙源匯流文學意識
### ——以蘇新、楊逵、葉石濤為例
一、前言

二、日治時期臺灣殖民地文學概述

三、蘇新的社會文學意識

四、楊逵的社會文學意識

五、葉石濤的社會文學意識

六、結論

## ●臺灣戒嚴時期文藝政策的發展與變遷
### ——從「再中國化」到「本土化」的文化衍變
一、前言

二、戒嚴時期前階段蔣介石主政「再中國化」文藝政策

三、戒嚴時期後階段蔣經國「本土化」文藝政策

四、結論

六、我國現行政策制定的檢討與改進

七、結論

附錄：《組織犯罪防制條例》條文說明

# 第四部分　【臺灣政治經濟思想史論叢】（卷一至卷八）要目

臺灣政治經濟思想史論叢（卷一）：資本主義與市場篇

臺灣政治經濟思想史論叢（卷二）：社會科學與警察篇

臺灣政治經濟思想史論叢（卷三）：自由主義與民主篇

臺灣政治經濟思想史論叢（卷四）：民族主義與兩岸篇

臺灣政治經濟思想史論叢（卷五）：臺灣治安史略

臺灣政治經濟思想史論叢（卷六）：人文主義與文化篇

臺灣政治經濟思想史論叢（卷七）：政治經濟學與本土篇

臺灣政治經濟思想史論叢（卷八）：文創產業與法政篇

國家圖書館出版品預行編目（CIP）資料

臺灣警政治安史論述稿/陳添壽著. -- 初版. -- 臺北
市：元華文創股份有限公司，2024.09
面；　公分

ISBN 978-957-711-391-7　（平裝）

1.CST: 警政史　2.CST: 臺灣

575.8933　　　　　　　　　　　113010444

臺灣警政治安史論述稿

陳添壽　著

發 行 人：賴洋助
出 版 者：元華文創股份有限公司
聯絡地址：100 臺北市中正區重慶南路二段 51 號 5 樓
公司地址：新竹縣竹北市台元一街 8 號 5 樓之 7
電　　話：(02) 2351-1607　　傳　　真：(02) 2351-1549
網　　址：www.eculture.com.tw
E - m a i l：service@eculture.com.tw
主　　編：李欣芳
責任編輯：立欣
行銷業務：林宜葶
出版年月：2024 年 09 月 初版
定　　價：新臺幣 480 元

ISBN：978-957-711-391-7 (平裝)

總經銷：聯合發行股份有限公司
地　　址：231 新北市新店區寶橋路 235 巷 6 弄 6 號 4F
電　　話：(02)2917-8022　　傳　　真：(02)2915-6275